# SACRÉS MONSTRES

## DU MÊME AUTEUR

Aux éditions Plon

*Le Pacs : entre haine et amour*, 2000.
*Corentine*, 2019.
*682 jours*, 2023.

Chez d'autres éditeurs

*Les Maires : fête ou défaite ?*, Anne Carrière, 2002.
*Le Combat est une fête*, Robert Laffont, 2006.
*À Feu et à sang : carnets secrets d'une présidentielle de tous les dangers*, Flammarion, 2012.
*Verdi amoureux*, Flammarion, 2013.
*La Petite Fille de la Ve*, Flammarion, 2015.
*Bien dans mon âge : tout commence à soixante ans*, Flammarion, 2016.

Roselyne Bachelot

# SACRÉS MONSTRES

PLON
www.plon.fr

92, avenue de France
75013 Paris
Tél. : 01 45 87 50 01
www.plon.fr
www.lisez.com

Mise en pages : Nord Compo
Dépôt légal : octobre 2024
ISBN : 978-2-259-31467-1

*À Jacques, l'esthète*
*À Nicolas, le combattant*
*À Emmanuel, le charmeur*
*Et surtout à mon trio chéri :*
*Pierre, Florence et Corentin*

« Le vieux monde se meurt,
le nouveau monde tarde à apparaître
et dans ce clair-obscur surgissent les monstres. »

Antonio Gramsci

# La fin d'un monde

*Jeudi 11 janvier 2024, 19 h 46*

Alexis Kohler apparaît pour annoncer la composition du nouveau gouvernement. La salle des Fêtes de l'Élysée n'a jamais aussi mal porté son nom, tellement la tête du secrétaire général de la présidence de la République est sinistre. Pour un peu, on dirait le croque-mort qui dans les cérémonies funèbres convoque « ces messieurs de la famille ». J'écoute d'une oreille distraite puisque cette affaire n'a plus d'intérêt : hélas, l'erreur a été faite quand Emmanuel Macron a décidé de remanier et de griller ainsi la cartouche qu'il fallait soigneusement garder dans la gibecière pour l'utiliser après les élections européennes, qui s'annonçaient calamiteuses. Le truc usé jusqu'à la corde : le président qui vient de subir une déculottée électorale déclare solennellement : « J'ai entendu le message des Français ! » Et hop, il nomme un nouveau gouvernement. Évidemment le message des électeurs ne visait pas à obtenir un nouveau Premier ministre mais bien à fesser cul nu le président. Toutefois cette partie de bonneteau permet d'amuser les journalistes qui élaborent des castings foireux sur les impétrants et la liste propitiatoire des victimes qu'on mène à l'abattoir. Dans l'atmosphère irrespirable d'un quinquennat qui prend de plein fouet la révolte provoquée par la nécessaire réforme des retraites et l'angoisse d'une guerre au centre de l'Europe, il ne fallait pas se priver de ce répit. « Un petit moment, monsieur le bourreau », gémissait la Du Barry en montant à l'échafaud.

Pour le reste, mes « informateurs » au ministère de la Culture m'avaient glissé quelques heures auparavant que ma successeure Rima Abdul Malak avait reçu – de la bouche du cheval – l'assurance qu'elle rempilait. Enfin une bonne nouvelle dans ce merdier, on allait casser la malédiction qui veut que la durée de vie d'un ministre de la Culture soit celle qui vous est promise sur la bande d'arrêt d'urgence de l'autoroute... Patatras, Rima est dégagée sans ménagement et stupéfaction : nomination de Rachida Dati au poste.

Mais comment peut-on ainsi accumuler les conneries ? Non pas que Rachida Dati soit incapable de tenir la fonction, mais ce débauchage est un véritable coup de poing dans la gueule des Républicains qu'il s'agirait pourtant d'arrimer à une majorité en soins palliatifs. Par ailleurs, dans sa conquête de la mairie de Paris, on la fait monter dans un rafiot pourri alors qu'elle naviguait majestueusement sur le trois-mâts de l'opposante dédiée tout entière à la défense des Parisiens ulcérés par les lubies d'Anne Hidalgo…

Dans un pareil marasme, je n'ai que deux solutions : je rentre au carmel ou je me prépare un solide gin-tonic. Je choisis la seconde option.

## *Annus horribilis*

Même lorsque l'écume des jours et l'apaisement de l'oubli auront fait leur œuvre, l'année 2024 restera à tout jamais une *annus horribilis*, une année horrifiante, exécrable, monstrueuse. Au moment où j'écris ces lignes, j'ai le sentiment d'être un dormeur qui sort d'une nuit cauchemardesque et constate que le cauchemar n'était que la sinistre réalité. Quand tout cela a-t-il commencé à se dérégler ?

J'ai vécu l'histoire de la République depuis la Libération, d'abord au plus près de cette saga de la Résistance, illustrée de ses figures de légende, puis comme adolescente militante œuvrant à la construction de la Ve République, enfin comme adulte entrant dans l'histoire officielle de mon pays comme élue puis comme ministre. Les épreuves n'ont pas manqué : les guerres de décolonisation, et tout particulièrement l'Algérie avec les milliers d'Algériens et de soldats français tués, les tortures, les cohortes de pieds-noirs chassés de leurs maisons, nos fidèles harkis massacrés, la terrible guerre civile menée par l'OAS ; des conflits sociaux effrayants, tout particulièrement les événements de mai 1968 ; la mort d'un président en cours de mandat ; les salves d'attentats islamistes qui, de celui de la rue Copernic au Bataclan, en égrenant les stations de ce chemin de croix, nous porteront plus tard vers Samuel Paty et Dominique Bernard ; les conflits où nous avons envoyé nos forces en Irak, en Afghanistan, en Afrique, pour n'y récolter que de la haine ; la qualification de Jean-Marie Le Pen au second tour de la présidentielle de 2002… Pourtant, malgré ces chagrins et ces doutes, le peuple français empruntait le chemin de la réconciliation. Nous avions le sentiment que le concept développé par Henri Bergson du « moi social » subsistait et que chacun comprenait que des idéaux et des contingences supérieures l'emportaient sur les destinées individuelles.

## *Les fissures et l'écroulement*

En fait, les fissures de l'écroulement s'élargissaient dans toutes les sociétés occidentales, comme si nous en avions assez de la démocratie, de la liberté et de la raison.

La désorganisation sociale constatée lors des élections européennes puis législatives de 2024 et causée par l'absence de normes communes dans une société est parvenue à un paroxysme. Nous nous regardons dans le miroir des réseaux sociaux, nous ne supportons plus ceux qui portent une fonction de commandement : les élèves attaquent les professeurs, les malades contestent les soignants, les salariés réfutent les consignes des patrons, les pompiers sont caillassés par ceux qu'ils secourent, les journalistes sont vilipendés par ceux qui campent devant les chaînes d'info, les partis politiques se vident, les élus sont molestés et injuriés. L'autorité est vécue comme une offense, le savoir comme une agression, la compétence comme une imposture.

La situation, et cela vient de loin, est devenue hors de contrôle, « anomique » au sens qu'Émile Durkheim donnait à ce mot, et les pouvoirs sont impuissants. La caricature de cette perte de repères a été poussée à son acmé avec le mouvement des Gilets jaunes. Alors que la révolte et les exigences exprimées avaient du sens, tous les leaders qui auraient pu les représenter ont été tour à tour dévorés par une foule vorace, ogre incapable de supporter qu'un ou une des leurs se distingue.

### *La prophétie des monstres*

Tout se préparait pour que se réalise la prophétie d'Antonio Gramsci dans les *Cahiers de prison* que j'ai placée en ouverture de cet ouvrage : « Le vieux monde se meurt, le nouveau monde tarde à apparaître et dans ce clair-obscur surgissent les monstres. »

Je sens qu'à ce stade de mon propos vous allez me répliquer : « Allons, en presque un demi-siècle de vie publique, tu as dû rencontrer toutes sortes de personnages dingues et vivre beaucoup de situations tragiques… »

Certes, et quand j'ai accepté d'être rappelée au gouvernement en 2020, j'avais le sentiment de revenir en quelque sorte « à la maison », d'autant que j'avais suivi et analysé la politique au jour le jour dans mon travail d'éditorialiste et d'essayiste. Pourtant, dès la première entrevue avec le président Emmanuel Macron, la veille de la nomination de la nouvelle équipe, j'ai pensé : « P…, le code a changé ! »

Un président d'une jeunesse déroutante dans les décors ultra-modernes de l'Élysée, des ministres sans passé, des députés sortis de nulle part, des assignations idéologiques en miettes, une vie rythmée par les chaînes d'info, les cris, les vociférations, la perte des civilités ordinaires.

Tout cela me troublait d'une manière indicible. Dieu sait que j'ai vécu dans un monde d'une sauvagerie puissante, mais les fauves qui s'y déployaient obéissaient à des règles et à des parcours balisés. Les fauves ont disparu et ils sont aujourd'hui remplacés par des monstres à la sauvagerie imprévisible, au parcours bringuebalant et aux humeurs alternatives.

J'ouvrirai donc cette histoire par la disparition d'un des derniers « grands fauves », Jacques Chirac ;

je la continuerai par l'entrée dans l'arène des trois « monstres » que sont Jean-Luc Mélenchon, Marine Le Pen et Emmanuel Macron ; enfin, je la poursuivrai par la description pleine de bruit et de fureur d'une vie de pouvoir où se multipliaient les signaux faibles et les prolégomènes du pandémonium que nous affrontons… car tout cela vient de loin.

## Les ténèbres du fauve

26 septembre 2019. Les nouvelles tragiques surviennent souvent en des moments et des lieux inattendus, incongrus et parfois même obscènes. Alors que nous enregistrons une émission des « Grosses Têtes », le message clignote sur mon portable : Jacques Chirac est mort. L'avis sinistre est suivi d'une salve de SMS et d'appels qui sollicitent une réaction ou une intervention. Je m'effondre en annonçant la nouvelle dans le Grand Studio de RTL. Alors qu'il est de tradition de rester dans la bulle de l'enregistrement quelle que soit l'actualité, Laurent Ruquier, toujours profondément humain, me dit : « Partez, Roselyne. Nous comprenons… »

Les jours qui suivront seront l'occasion d'une catharsis collective où des millions de Français raconteront ou se raconteront « leur » Chirac.

30 septembre 2019. La moto file le long des quais de la Seine. Le soleil automnal donne à cette chevauchée funèbre une douceur ineffable. Peu de circulation sur

la voie Georges-Pompidou, traversée de la Seine sur le pont de la Concorde, le quai d'Orsay, le boulevard Saint-Germain, rien ne vient retarder le rendez-vous qui m'attend. Petit à petit, tout change, la foule devient de plus en plus dense. Sur le carrefour de la rue de Rennes et de la rue du Vieux-Colombier, c'est une marée humaine qui se tasse sur les trottoirs, recueillie. Beaucoup me reconnaissent malgré le casque et me saluent par mon prénom. Nous faisons partie de la même famille, celle que Jacques Chirac a rassemblée autour de lui en un demi-siècle de vie publique.

### *Mon dernier rendez-vous avec le « Grand »*

Ce lundi 30 septembre, c'est bien mon dernier rendez-vous avec celui qu'au RPR nous appelions le « Grand Jacques ». La spéciale de TF1 à laquelle je participais m'a retenue trop longuement. J'arrache mon casque, cours, échevelée, vers l'entrée de l'église Saint-Sulpice sous les yeux éberlués des journalistes. Sûre que Jacques aurait adoré cette cavalcade improbable…

L'incendie de Notre-Dame a transformé Saint-Sulpice en cathédrale diocésaine et les célébrités de la politique et du spectacle s'y pressent. Certaines – les plus nombreuses – ont remisé les philippiques et les injures dont elles ont abreuvé le défunt, et les esprits forts comptabilisent d'une moue gourmande les absences, de Barack Obama à Gerhard Schröder, sans oublier, surtout, Bernadette Chirac.

Le programme musical est classique : requiem de Fauré et de Duruflé comme aux obsèques de François Mitterrand. Puis, comme un au revoir qui m'aurait été spécialement destiné – oui, on peut croire un instant aux fariboles de la communication avec l'au-delà –, Daniel Barenboim joue l'*Impromptu n° 2* de Schubert, précisément le morceau que j'ai présenté à mon dernier examen du conservatoire. On dit que c'est Emmanuel Macron qui aurait choisi l'artiste et le morceau. Pour ceux qui imaginent des liens spirituels invisibles, il y a matière à fantasmer…

Quand j'ai cru quitter la carrière politique en 2012, j'aurais voulu continuer ce dialogue comme nous le faisions Jacques Chirac et moi dans son bureau à l'Élysée en buvant des gin-tonics devant des cassettes de sumo. Non pas pour lui demander des comptes – encore que ! –, mais pour percer à jour les secrets d'un grand fauve, les pudeurs d'un type complexé, les mensonges d'un homme fragile.

Cela n'a pas été possible car Jacques Chirac naviguait depuis bien longtemps dans la barque de Charon sur le Styx, le fleuve des Enfers qui l'emportait vers la mort, à moins qu'il n'eût préféré godiller sur la rivière Sanzu, son équivalent dans le bouddhisme japonais.

*« Qu'est-ce qu'on s'emmerde, ici ! »*

Pendant la campagne de 2002, déjà, j'ai vu les stratégies de compensation ou d'évitement déployées par lui-même et son entourage pour masquer les difficultés de motricité et la grande fatigabilité de celui qu'on avait présenté pendant des décennies comme « increvable ». La qualification de Le Pen au second tour de l'élection présidentielle lui a permis d'échapper au défi terrifiant qu'aurait représenté pour lui le pugilat du débat d'entre-deux-tours. Puis l'accident vasculaire cérébral de 2005 a dispersé façon puzzle le rêve caressé par son épouse et sa fille d'un troisième mandat. Le quinquennat de Nicolas Sarkozy le voit encore assumer certaines sorties, mais ses proches et ses officiers de sécurité sont sur les dents pour éviter les catastrophes.

Au gala de la Fondation Claude-Pompidou, le film *L'Affaire Farewell* de Christian Carion est projeté. Un des plans du film a pour cadre la cour de l'Élysée et, assise à ses côtés, je l'entends me questionner : « Mais c'est où, ce truc ? » Je crois à une blague mais je comprends à son regard perdu qu'il ne reconnaît pas la cour du palais qu'il a quitté deux ans auparavant. Tous nos voisins ont entendu cet échange surréaliste et je ris très, trop fort pour accréditer une plaisanterie.

L'affaire s'aggrave et en 2011, à la représentation qui se déroule au théâtre du Rond-Point pour la cinquième fête annuelle de la Fondation Culture & Diversité présidée par Marc Ladreit de Lacharrière, il félicite Gabriel de Broglie pour son action au ministère de l'Éducation nationale. L'octogénaire roule des yeux ahuris avant de comprendre qu'il a été confondu… avec Luc Chatel, le fringant quadragénaire titulaire du poste. Puis Chirac réclame à Élodie de Lacharrière un gin-tonic et la pauvre s'enfuit devant cette demande incongrue dans un théâtre. Mais le pire reste à venir. Alors que les lumières se sont éteintes et que sur la scène la comédienne Isabelle Carré lit un texte de Camus, la voix de Chirac – reconnaissable entre toutes – s'élève : « Qu'est qu'on s'emmerde, ici ! »

Certes, ce n'est pas complètement faux. Mais il ne faut que quelques minutes pour voir se faufiler à quatre pattes deux gardes du corps qui exfiltrent *manu militari* la grande carcasse…

La vieillesse est un naufrage. Un an après, Bernadette Chirac, dans un entretien à *Paris Match*, avec cruauté, appliquait à son époux la phrase fameuse de Chateaubriand reprise par le général de Gaulle. Et, quand on lui demandait des nouvelles de son mari, elle répondait : « Il promène le chien… »

À chacune de ces rencontres en lambeaux, les souvenirs, les regrets, les amertumes, les exaltations de ce compagnonnage de presque quarante ans me revenaient, et depuis, ce chaos émotionnel ne m'a pas quittée. Non seulement il ne s'apaise pas mais dans le maelstrom d'une actualité tragique, il prend l'aspect d'un grimoire ésotérique. Que me dit, que nous dit Chirac du temps que nous vivons ? Était-il un précurseur ou un survivant ?

Et si, à tout prendre, il y avait déjà du monstre dans Chirac ? N'y a-t-il pas que des monstres dans ceux et celles qui veulent le pouvoir ou l'exercent sans l'avoir désiré, monstres, monstresses, monstres sacrés et sacrés monstres ? Peut-être… Je les ai rencontrés, aimés, servis, commandés, méprisés, détestés. Un sentiment les réunit et m'anime face à ces lieutenants des ténèbres : ils m'ont tous fascinée. Que les Français les haïssent ou les admirent, ils rêvent secrètement du rapport hors norme que ces monstres entretiennent avec l'argent, le sexe, la bouffe, les palais nationaux, les médias, les réceptions, les voyages officiels. Comme dans les palais florentins, j'accrocherai dans ce livre beaucoup de tableaux sur les murs de ma mémoire, mais trois seront représentés en pied. Si différents au départ et si semblables à la fin…

# L'homme politique le plus haï des Français

Il me fallait commencer par lui. Deux Français sur trois ne l'aiment pas, mais il est toujours possible de supporter quelqu'un qu'on n'aime pas. Là, c'est pire : deux Français sur trois haïssent Jean-Luc Mélenchon. Et pourtant, il exerce une fascination qui dépasse, et de très loin, le cercle de ses sympathisants. Cher lecteur, chère lectrice, vous avez peut-être rêvé d'entrer dans ce club très fermé des monstres, et si vous décortiquez la carrière de notre Chávez national, vous aurez un certain nombre de techniques et de méthodes qui vous serviront à coup sûr.

## *Mélenchon, un sous-fifre*

J'ai mis du temps à radiographier le personnage et à analyser sa stratégie. En 2000, alors que je siège sur les bancs de l'opposition, je le vois apparaître dans le gouvernement de Lionel Jospin comme ministre délégué à l'Enseignement professionnel. Dire qu'il ne me fait pas une grosse impression est une litote. Il fait partie de ces sous-fifres qui se gardent bien de faire de l'ombre à leur ministre de tutelle. Il faut préciser que, dans son cas, il s'agissait du flamboyant Jack Lang, et il savait qu'ouvrir les hostilités tournerait à son désavantage. Aucune mesure qui fâche, tout cela est gentillet : réforme *a minima* des CAP (certificats d'aptitude professionnelle), toilettage de la validation des acquis, label « lycée des métiers » aux lycées professionnels, toutes choses qu'il a trouvées dans la musette des services et rien qui mette le feu à la savane. Le fauve était tapi derrière les buissons épineux et se repaissait des informations sur le fonctionnement de la République.

Cette stratégie de bernard-l'hermite était de fait menée de longue main. À vingt et un ans, c'est un jeune trotskiste affilié à l'Organisation communiste internationale (OCI) où il milite de 1972 à 1976. Il comprend que se cantonner à un mouvement groupusculaire le marginalisera durablement. Il va donc jeter momentanément aux orties les oripeaux révolutionnaires et pratiquer un entrisme délibéré dans la structure sociale-démocrate qu'est le Parti socialiste. Il prend des responsabilités dans la fédération PS de l'Essonne et entame une carrière de politicien *old fashion* : conseiller municipal, adjoint au maire de Massy, conseiller général de l'Essonne et, cerise sur le gâteau, sénateur en 1986 à trente-cinq ans. Il le restera dix-huit ans... Elle est pas belle, la vie d'apparatchik ?

Donc, premier conseil : militez au départ dans un microparti (au besoin, créez-le), vous n'aurez aucun mal à en devenir un des responsables, et quand vous irez toquer à la porte d'une structure installée, vous serez accueilli à bras ouverts comme le gage d'une ouverture et même d'un élargissement. Si Jean-Luc Mélenchon en était resté à ses premiers engagements, le Parti socialiste ne se serait pas retrouvé dans la situation du cocu qui paie la chambre.

Tiens, au fait, ça ne vous rappelle pas vaguement un autre politique ? Non, vraiment ? Mais c'est, bien sûr, Jacques Chirac, le « Grand Jacques », comme l'appelaient les camarades communistes quand au début des années 1950 il vendait *L'Humanité* rue de Vaugirard. Toujours utile de garder des liens hors circuit : cela a été bien précieux à Chirac quand il s'est agi de négocier avec les syndicats – et tout particulièrement la CGT – les accords de Grenelle pour liquider les grèves de mai 1968. Même si Chirac avait un flingue sous son veston pour aller rencontrer Georges Séguy, alors secrétaire général de la Confédération, il est des compagnonnages qui ne s'oublient pas, surtout à l'extrême gauche.

## *Quand Jean-Luc aimait l'Europe*

Le fait de s'installer dans une structure plurielle moins rigide permet aussi de manier les engagements alternatifs sans jamais sembler trahir. En 1992, il se prononce en faveur du traité de Maastricht et décrit la monnaie unique comme « porteuse de civilisation, de culture, de réseaux de solidarité ». Non, vous ne rêvez pas. C'est ainsi qu'en 1988 il cible Michel Rocard comme faisant partie de la gauche molle, puis qu'en 1993 il le soutient au poste de premier secrétaire du PS. Je pourrais multiplier les exemples, mais une anecdote précise me revient en mémoire.

Fraîchement élu président de la République, François Hollande décide de nommer une commission chargée de la rénovation de la vie politique présidée par Lionel Jospin. J'en fais partie. À peine sommes-nous installés que des malfaisants font circuler le bruit que Lionel aurait embauché son épouse et moi mon fils pour travailler à nos côtés contre des salaires mirobolants. Tout cela est faux mais diffusé par toutes sortes d'officines plus ou moins louches, et tout particulièrement par le site du Front de gauche, donc de Mélenchon, et cela en première page du webzine. Je décide de porter plainte et file rejoindre Lionel Jospin rue de Babylone dans son bureau pour tenter de l'associer à mon action en justice. Je ne le sens pas très chaud… Il se justifie en indiquant qu'étant président de cette commission, il ne souhaite pas l'instrumentaliser. Je ne veux pas le brusquer, mais j'insiste : « À tout le moins, monsieur le Premier ministre, pourriez-vous demander à M. Mélenchon de retirer cette calomnie diffamatoire ? Il a été votre ministre ! Il a un certain devoir de correction. »

Jospin prend son téléphone. Le haut-parleur est branché. On décroche. L'ancien Premier ministre, de sa voix posée, sans élever le ton, dit ce qu'il a sur le cœur. Et je me souviens de la voix de JLM lançant de cette intonation inimitable : « J'ai bien entendu. J'ai suffisamment de choses à vous reprocher sans en inventer de fausses. Au revoir. »

On s'est regardés avec Jospin, passablement estomaqués. Une heure après, l'éditorial avait été retiré.

À ce propos, je veux rappeler que le jugement correctionnel a été rendu en ma faveur et que la motivation du tribunal sur le caractère diffamatoire des imputations poursuivies est sévère. Les allégations des pourris qui nous insultaient m'imputaient bien, dit le tribunal de Nanterre, la commission d'infractions pénales, tels le trafic d'influence et le détournement de fonds publics.

Il s'agit d'une belle décision dès lors qu'elle concerne plus généralement la question des *hoaxes*, rumeurs malveillantes circulant sur Internet, que les internautes relaient en nombre et sans réserve ni prudence.

Cette décision – qui fait jurisprudence – répond ainsi à tous ceux qui pensent – ils sont nombreux – que la republication d'un texte sur Internet les dédouane de toute responsabilité, même si le texte est diffamatoire, injurieux, raciste, sexiste, incitatif à la violence... Il faut avoir le courage et les moyens financiers d'ester en justice pour faire punir les abus.

## *Mélenchon est vachement sympa*

Mais revenons-en à notre mouton enragé. On n'est pas impunément trotskiste, et rien ne peut s'expliquer sans la lecture des œuvres fondatrices du révolutionnaire russe, comme cet opuscule écrit en exil et dont le titre dit tout : *Leur morale et la nôtre.* Trotski y défend les procès de Moscou car « les moyens sont organiquement subordonnés à la fin », justifie la terreur révolutionnaire et les exécutions d'otages, y compris des enfants ou des femmes pour peu qu'ils soient ceux d'adversaires politiques. Il a d'ailleurs signé personnellement le décret préconisant ces exécutions.

Mélenchon est non seulement un trotskiste mais un robespierriste revendiqué. Se référer au fameux discours donné par Maximilien Robespierre le 5 février 1794 sur les principes de morale politique est à cet égard éclairant : « Le ressort du gouvernement en révolution est à la fois la vertu et la terreur : la vertu sans laquelle la terreur est funeste ; la terreur sans laquelle la vertu est impuissante. » La violence et, pire, la terreur sont consubstantielles du combat politique et, paradoxe suprême, finissent par combattre les idéaux que celui-ci est censé protéger. On comprend mieux alors la défense par Mélenchon du voile islamique après qu'il l'a contesté, son soutien au Hamas, organisation terroriste dont la finalité est d'installer la charia, la purge de certains de ses compagnons de route qui l'ont pourtant soutenu dans les moments les plus difficiles. Apparaître le soir du premier tour des législatives avec Mme Rima Hassan arborant un keffieh : pouvait-on imaginer une façon plus violente de cracher à la figure de ses amis ? Une manière plus féroce de leur dire : « Vous n'existez que par moi » ?

Donc, deuxième leçon mélenchoniste à mettre en œuvre : ne pas avoir des amis mais des affidés instrumentalisés qu'on rejettera plus tard sans aucun état d'âme. Cela est d'autant plus troublant tant que la mécanique n'a pas été cernée. Car le bonhomme cache son jeu et peut même apparaître séducteur. J'ai eu l'occasion de travailler avec lui quand nous faisions un duo d'éditorialistes sur la chaîne I-Télé le dimanche soir : absolument délicieux, à l'écoute, respectueux. Nous nous sommes revus à plusieurs occasions, comme pour l'hommage à Simone Veil en juillet 2017 aux Invalides ou encore l'inauguration du bateau d'exploration archéologique *Alfred Merlin* à Marseille en juillet 2021.

Chaque fois, mes proches et mes accompagnateurs n'en revenaient pas :

« Mais qu'est-ce que tu lui as fait, à Mélenchon ? Il est vachement sympa !

— C'est simple : rien. Avec moi, il n'y a pas d'enjeu, donc il peut se permettre d'être agréable. »

Certains de ses « amis » m'ont assuré qu'il avait souvent une haleine un peu plombée. Pour ma part, je n'ai rien remarqué. Cela doit être une façon de leur exprimer son agressivité et de les maintenir à distance !

## *Rendre fous vos alliés et vos amis*

La troisième stratégie mélenchoniste pourrait être appelée « Comment rendre fous vos alliés et vos amis » en leur donnant le tournis. Il s'agit de les prendre, de les aimer, de les lâcher, de dire « blanc » un jour et « noir » le lendemain. Vous allez me rétorquer : mais tout le monde fait ça en politique. Certes, puisque comme le disait le regretté Edgar Faure : « Ce ne sont pas les girouettes qui tournent, c'est le vent ! » (Aphorisme à prononcer avec le zozotement crachouillant qui convient.)

Chez le camarade Jean-Luc, c'est du grand art. Accrochez-vous et montez en 1988 dans le *scenic-railway* pour en descendre vingt ans après.

C'est parti : 1988, fondation de la Gauche socialiste avec Julien Dray ; 1992, appel à voter pour le traité de

Maastricht et soutien à l'euro ; 1993, soutien à Rocard dont Mélenchon a dit pis que pendre, mais cela lui permet d'entrer à la direction du PS comme chargé de la presse ; 1996, il se prononce contre Maastricht mais toujours pour l'euro ; 1997, il s'oppose à Hollande au congrès ; 1998, ça y est, il est contre l'euro ; 1999, il est contre le traité d'Amsterdam, mais il entre en 2000 dans le gouvernement de Lionel Jospin, qui lui est un fervent Européen ; 2002, après la défaite de Jospin, il quitte la Gauche socialiste et Julien Dray et fonde Nouveau Monde avec Henri Emmanuelli, puis rompt avec ce dernier et fonde un petit machin bien à lui, Trait d'union, puis Pour la République sociale ; en 2005, bien que toujours au PS, il se prononce contre le référendum sur la Constitution européenne et rejoint le PC et la LCR ; en 2006, il décide de soutenir Ségolène Royal à l'élection présidentielle – elle aurait dû se méfier – puis la dézingue férocement dès la fin de sa campagne. Au congrès de Reims en 2008, il soutient la motion « Un monde d'avance » de Benoît Hamon, qu'il laisse ensuite tomber comme une vieille malle après qu'elle s'est gaufrée en quatrième position... Et c'est la rupture : il quitte le PS qui lui a tout donné pour fonder le Parti de gauche en union avec le Parti communiste. Reprenez votre souffle tranquillement : si vous saviez combien je vous ai épargné d'épisodes...

Pas d'attachement aux amis, pas d'attachement aux territoires électoraux, qui ne sont que des tremplins à ses ambitions : d'abord élu dans l'Essonne à des fonctions locales et comme sénateur, il part dans le Sud-Ouest pour être élu député européen en 2009, mais signale qu'il est aussi disponible pour être candidat aux élections régionales en Languedoc-Roussillon. On ne veut pas de lui là-bas ? Il se propose pour l'Île-de-France ! En 2012, remontant vers le nord, il se présente aux législatives dans le Pas-de-Calais puis retraverse la France en 2017 pour se faire élire député dans les Bouches-du-Rhône ! Certains reprochent aux nouveaux élus d'être « hors sol », mais lui bat vraiment des records. Ses électeurs ont intérêt à ne pas trop s'attacher : un petit tour et puis s'en va. L'essentiel est que les caméras le suivent, les électeurs, il s'en fout.

### *Le roi de la stratégie numérique*

Enfin, et c'est sans doute là qu'il est vraiment époustouflant : son utilisation des nouvelles technologies mises au point par le capitalisme le plus immoral. Il comprend tout de suite l'importance d'Internet, se propulse sur les réseaux, sa chaîne YouTube va cartonner en 2017 à plus de 270 000 abonnés, il dépasse même alors Donald Trump en termes de followers. Il est le premier à utiliser la technique de l'hologramme, crée la plate-forme Discord insoumis pour coordonner ses sympathisants et sort un jeu vidéo dont il est un des personnages, *Fiscal Kombat*, en avril 2017. Pas un homme politique français ne lui arrive à la cheville en matière de stratégie numérique, et s'il est en tête des intentions de vote chez les électeurs de moins de vingt-cinq ans, voilà en partie pourquoi.

## *« Ma personne est sacrée »*

On est frappé par la plasticité de cet homme, son imagination, sa trépidation, son feu intérieur, sa solitude revendiquée. Quand il déclare : « Ma personne est sacrée », voire : « La République, c'est moi ! », il ancre son combat dans une dimension holistique et sa personnalité dans une acception religieuse comme celle que revendiquaient les rois de France.

Finalement, les éditorialistes de tout poil analysent toujours les stratégies dans l'instant. C'est pour cela qu'ici je ne reviendrai pas sur les éructations proférées tout au long de ses trois campagnes présidentielles. Nous oublions toujours que le parcours d'un monstre se construit sur un processus lent et complexe, et c'est ce parcours qui me fascine tant il casse tous les codes. On ne naît pas monstre, on le devient, et Jean-Luc Mélenchon en est un magnifique spécimen. Dans un dernier éclair de lucidité, en annonçant l'écroulement du compromis social qui prévaut depuis la Libération, il nous a prévenus : « Je vous mets en garde contre moi-même… »

## La fille du dieu borgne

Le désespoir m'étreint puisqu'il me faut faire entrer une femme dans cette galerie de monstres. Pendant des siècles, dans cette géhenne où nos monstres s'ébattaient, les femmes étaient quasiment inexistantes. Confinées dans des rôles subalternes à la limite de la sphère intime, choisies pour assurer la caution féminine sur la photo de groupe, rejetées dès qu'elles avaient cessé de plaire ou manifesté des velléités d'indépendance, elles étaient anecdotiques. Petit à petit, des figures fortes sont apparues, mais aucune pour tenir la fonction de Béhémoth ou de Léviathan. Michèle Alliot-Marie, Simone Veil, Ségolène Royal ont manqué d'être enrôlées dans ce casting sauvage, mais soit elles ne l'ont pas vraiment souhaité, soit la puissance machiste les a contraintes. Aujourd'hui, les figures de femmes politiques de premier rang abondent (Sandrine Rousseau, Clémentine Autain, Rachida Dati, Martine Aubry, Élisabeth Borne et bien d'autres), mais aucune n'a encore gagné la dimension chimérique qui lui permettra d'accrocher sa photographie dans ma galerie virtuelle. Aucune ? Si. Marine Le Pen est ma première « sacrée monstre », faisant entrer le mot dans la galerie épicène.

## *« Vraiment pas une pointure »*

Ma première rencontre avec Marine Le Pen remonte à il y a largement plus de vingt ans dans la loge de maquillage de France Télévisions. Pensant que je commençais à me débrouiller assez bien sur les plateaux télé, le service communication du RPR m'a envoyée ferrailler contre elle dans l'émission « Mots croisés » présentée par Arlette Chabot. Mme Le Pen était alors simple conseillère régionale du Nord-Pas-de-Calais ayant bénéficié du scrutin de liste et du favoritisme paternel pour être élue dans un secteur où elle n'avait aucune attache. On me l'avait présentée comme une simple « fille de » devenue une avocate « sans clients, sans dossiers et sans revenus », pour reprendre les mots cruels du journaliste Renaud Dély. « Rien à craindre, m'avait dit le conseiller com', c'est vraiment pas une pointure… »

Je ne me vautre pas dans les charmes de la lucidité *a posteriori*, mais je vous assure que dès cette première confrontation le choc est immédiat, et je songe alors que, décidément, tous ces types ne voient rien de ce qui va leur arriver en pleine figure. Brutalement, la musique de Wagner envahit mes pensées devant cette Walkyrie ressuscitée. Les phrases prémonitoires du deuxième acte viennent me hanter : « Tu parles à ta volonté en me disant ce que tu veux, qui suis-je sinon ta volonté ? » lance Brünnhilde, et Wotan, le dieu borgne, son père, lui répond : « Mon âme aspira au pouvoir : poussé par la fureur des désirs impulsifs, je fis la conquête du monde. Je fus par ignorance déloyal, infidèle. Je conclus des traités qui menaient au malheur… »

« Tu n'es pas à Bayreuth et tu déraillles, ma pauvre fille », pensé-je en entrant en plateau. « Ressaisis-toi ! » La voix est puissante mais laide, et le comportement trivial ne lancerait pas avec la dignité nécessaire le « Hojotoho » qui emporte au Walhalla. Toutefois, pour moi qui suis aussi une « fille de », l'interrogation persiste : comment vit-on, comment grandit-on quand on est la fille de Jean-Marie Le Pen ? Quand votre père choisit comme parrain pour vous porter sur les fonts baptismaux Henri Botey, un proxénète notoire des nuits parisiennes ? Quelle femme est-on quand votre propre mère a réglé ses comptes avec son mari rejeté en posant dénudée pour une revue « de charme », vengeance terrible et destructrice pour ses trois filles ? Comment résiste-t-on quand l'attentat de la villa Poirier pulvérise l'appartement familial alors que vous n'avez que huit ans ? Comment survit-on quand votre professeur à la faculté de droit vous fait commenter un arrêt contre votre père pour « apologie de crimes de guerre » ?

J'ai la chance d'avoir été élevée dans une famille de gens qui se sont comportés en héros dans les moments cruciaux de l'histoire de notre pays ; et je trouve ma force dans la grandeur de leur exemple et la pureté de leur souvenir. *A contrario*, on peut s'interroger sur la façon dont les parents de Marine Le Pen ont pu protéger leur enfant de la violence et de la réprobation que la simple évocation de leur nom suscitait. Il est impossible de faire l'impasse sur ce déchirement pour comprendre une femme qui rassemble sur son nom 13 288 686 voix à la présidentielle de 2022 ! De deux choses l'une : ou la petite Marine vit une enfance schizophrénique, dans le culte d'un chef qui tire son prestige du rejet dont il fait l'objet ; ou devant la souffrance de l'isolement que ressent inévitablement un enfant, la petite fille puis l'adolescente décide de construire son propre destin. On n'est pas impunément la fille de Jean-Marie Le Pen.

### *Le conflit intérieur de Marine*

L'enfant de l'homme politique qui fut le plus détesté de France est condamnée à se situer dans une filiation idéalisée ou dans une opposition plus ou moins masquée. Mais comme pour Brünnhilde, il est plus que probable que ce conflit intérieur soit insoluble. Toute la carrière de l'ex-présidente du Front national témoigne de cette tension, de cet amour-haine qui la fait exister entre vénération et reniement.

Qu'on en juge : changer le nom du parti mais garder auprès d'elle les anciens nervis de l'extrême droite – on ne sait jamais, et puis on leur doit tellement ; obliger les députés RN à porter la cravate et investir des candidats racistes, sexistes ou homophobes ; pousser un jeune homme bien propret comme candidat tête de liste aux élections européennes et porte-parole aux élections législatives comme un gage de respectabilité mais s'assurer qu'il a bien fait ses classes auprès des éléments les plus radicaux et en tout premier lieu Jean-Marie Le Pen. Le voilà adoubé par le vieux chef puis ripoliné par la star d'un coûteux cabinet de coaching…

Il faut que Marine Le Pen donne des gages alternativement à ces deux pôles antagonistes. Face aux catholiques traditionnels, elle se présente comme une femme libre et divorcée, puis remet en cause un réel accès au droit à l'avortement. Elle se démarque des discours racistes et des jeux de mots odieux de son père, puis tient des propos extrêmement violents contre la religion musulmane et les risques abominables qu'elle ferait courir aux droits des femmes et à l'unité nationale. Pour conquérir des parts du marché des électeurs de la droite modérée, elle passe d'une forme de complicité compréhensive à la violence injurieuse à l'égard de ses dirigeants. Elle ne se résout pas à choisir entre l'extrémisme d'un discours populiste et démagogique et le pseudo-réalisme de son projet alternatif. Mais chaque incursion dans le camp du nouveau visage du Front national devenu Rassemblement national se révèle périlleux ; et souvent, contre-productif. En témoignent sa prestation piteuse lors du débat avec Emmanuel Macron en 2017 puis une autre guère moins mauvaise en 2022. Lors des élections de 2024, elle se garde bien de se prendre les pieds dans le tapis des débats sociaux et économiques pour revenir dare-dare aux bons vieux slogans xénophobes qui firent le succès de Jean-Marie.

C'est sans doute cela, la tragédie de Marine Le Pen. Ne pouvoir exister hors du cercle de feu que son père a dressé autour d'elle, tel celui que Wotan appelle autour de Brünnhilde : « S'il me faut te laisser, si je ne peux plus te donner un salut plein d'amour, si tu ne dois plus chevaucher à mes côtés… qu'un brasier ardent entoure le rocher… » Comme celle de la Walkyrie, l'autonomie de la présidente du Rassemblement national ne pourrait passer que par un refus impossible mais qui lui rendrait la dignité et l'humanité.

Pour cette torsion paradoxale, elle a gagné sans conteste le droit de figurer dans cette galerie monstrueuse.

## Un échafaud médiatique

Dans les manifestations de Gilets jaunes, on voyait des participants porter l'effigie d'Emmanuel Macron au bout d'une pique ou le faisant monter à l'échafaud. Si ceux-là ne sont pas parvenus à le faire ou du moins ne sont parvenus à le faire qu'imparfaitement, d'autres, médias, intellectuels, syndicalistes, responsables politiques, artistes, ont construit un mur de haine pathologique et hystérique à l'encontre d'Emmanuel Macron. Je ne sais comment un quart des Français résiste encore à un pareil complot. Comme je ne suis pas exempte d'une part de masochisme, j'ai regardé tous les clips des candidats aux dernières élections européennes. Sidérants : quasiment pas de programmes cohérents et argumentés mais un déluge de démagogie populiste et ruineuse accompagné d'un antimacronisme viscéral et presque bestial.

## *Macron, l'impopulaire*

Certes, plusieurs présidents de la République ont atteint des scores de popularité bien inférieurs à ceux d'Emmanuel Macron, en particulier ses trois prédécesseurs François Hollande et Nicolas Sarkozy, mais également, on l'oublie, Jacques Chirac... Il n'y avait pas toutefois cet aspect tripal que l'on voyait hier à des adversaires politiques du général de Gaulle tels que les affidés du père de Mme Le Pen, qui allaient jusqu'à tenter de l'assassiner et que l'on retrouve encore nombreux dans l'entourage de cette dame. La haine était l'apanage de ceux qui avaient un compte objectif à régler avec le pouvoir. On observe aujourd'hui cette détestation d'Emmanuel Macron dans des conversations de dîners parisiens, des mondanités, des discussions de travail, chez des gens qui devraient tout au contraire le soutenir.

Un mien ami, qui avait l'habitude d'inviter à déjeuner le maire de son village, hiérarque du parti néogaulliste, a cessé de le faire tellement ce dernier tenait des propos inconvenants et orduriers envers la personne du président et de son épouse. Les mêmes mots sont répétés par des commentateurs moutonniers et complices. On a autant de chances de rencontrer un journaliste équanime que de trouver un charcutier à La Mecque. Narcissique, égocentrique, jupitérien, fou, puéril, immature, coupé des réalités, dictateur, autocrate, joueur de bonneteau : les critiques ont quitté la sphère du raisonnement pour ne s'adresser qu'au sentiment. Tout y passe, amenant parfois les éditorialistes à des contorsions risibles : « Non, il ne dissoudra pas, il est trop lâche, il procrastine », et le lendemain : « Ah, tiens, si, il a dissous, il est inconséquent, indifférent ».

Les commentaires politiques et médiatiques unanimement anti-Macron qui ont précédé les jeux Olympiques ont été un festival où la cruauté l'a disputé à la bêtise, au mépris et à l'ignorance. Pire, en attaquant sans relâche les décisions et les actions du président de la République, les politiques et les médias s'en sont pris à tous ceux qui avaient mis toute leur énergie et leur amour dans cette préparation.

De la folie criminelle – rien que ça – dénoncée par Alain Bauer, qu'on a connu plus pertinent, au désastre sécuritaire et à une nouvelle humiliation nationale prédits par Marine Le Pen, puis nous avons eu les JO décrits comme un souhait narcissique d'Emmanuel Macron par l'ineffable Éric Ciotti, le pronostic éclairé et chafouin du RN Laurent Jacobelli de Jeux sans public et hors-sol. Plus mesuré pour une fois, Jean-Luc Mélenchon a laissé entendre qu'en fait ça n'intéressait personne tandis que Cyril Hanouna éructait dans son studio en assurant que rien n'était prêt.

Dans les talk-shows et les débats, ceux – j'en étais – qui assuraient que tout allait bien se passer étaient pris pour des demeurés. Puis, une fois toutes ces cassandres à la mie de pain reléguées dans leur méchanceté, leur silence radio a été un vrai bonheur. Il y a bien eu quelques retournements, comme celui de Cyril Hanouna, mais au moins ses félicitations *a posteriori* peuvent être considérées comme des excuses. Une médaille d'or de la récup' doit être décernée à Anne Hidalgo, qui a tenté de faire croire qu'elle était l'organisatrice de ce succès alors qu'elle s'était au départ opposée à la tenue des Jeux à Paris. D'autres ont envoyé quelques tweets timides de félicitations aux médaillés. Certains ont joué les dames patronnesses pour s'offusquer de certaines scènes de la cérémonie d'ouverture. Décidément, quand ça veut pas, ça veut pas, 85 % des Français ont trouvé les prestations superbes. Enfin, cerise sur le gâteau, Sandrine Rousseau a jugé que les accolades du président aux sportifs étaient des gestes « inappropriés ». Mazette, précisément le terme utilisé pour les harceleurs sexuels ! Mieux vaut en rire. Après une telle débandade, des excuses ou des aveux auraient été bienvenus. Non, ce fut plus pervers, devant cette incroyable réussite saluée dans le monde entier, les mêmes se sont échinés à en créditer à peu près la France entière, sauf… sauf… Macron, qui en était pourtant le principal chef d'orchestre, organisateur et financeur au nom de l'État.

Qu'y a-t-il donc de différent chez Emmanuel Macron qui suscite cette hystérisation ? Il est entré dans ma galerie monstrueuse de son fait souvent mais aussi victime d'une exécution menée par tous ceux qui ont imaginé que sa disparition ferait revenir le vieux monde où ils s'ébattaient.

Brice Teinturier, le directeur général délégué d'Ipsos, refuse les interprétations « psychologisantes » et s'en tient aux matrices des thèmes classiques : pouvoir d'achat, environnement, immigration, rattachement à des familles politiques. Cela est sans doute partiellement vrai mais n'explique pas l'irrationalité de cette désaffection.

### *Deux ans avec le président Macron*

J'ai vu, j'ai regardé, j'ai jaugé cet homme pendant deux ans, longuement, plusieurs fois par semaine, au Conseil des ministres, aux conseils de défense, dans des réunions de travail, au cours de réceptions officielles. Je l'ai accompagné dans des déplacements en province. Ce qui est impressionnant, c'est que ce type adore les gens, les rencontrer, discuter. Il voit deux personnes qui lui gueulent dessus, il fonce, il veut savoir pourquoi. Je ne lui ai jamais vu exprimer le moindre mépris ou même de l'indifférence quand, loin des caméras et des officiels, nous évoquions l'ambiance de la journée. Des conneries, Dieu – s'il existe – sait qu'il en a fait, mais pas au point d'être rejeté, y compris par des gens qui parfois lui doivent tout. Tentons d'y voir clair.

J'ai connu d'assez près tous les présidents de la V^e^ République, trois même de très près pour les avoir accompagnés en tant que ministre, les autres directement ou par l'intermédiaire de mon père. Curieusement, j'ai retrouvé des caractéristiques similaires chez tous : des hommes supérieurement intelligents, cultivés, désintéressés – oui, je dis bien « désintéressés », car tous auraient pu choisir une fonction autrement rémunératrice –, entretenant avec la France une relation charnelle. Tous étaient persuadés qu'ils avaient un destin et des capacités qui les mettaient dans l'histoire et qu'ils n'étaient pas arrivés là par hasard. Oui, chez tous, j'ai retrouvé du narcissisme – avec des nuances différentes –, de la mégalomanie gaullienne à l'arrogance aristocratique de Giscard, en passant par l'isolement lettré de Pompidou et jusqu'au je-m'en-foutisme rigolard d'Hollande. Chez tous, la peur de la trahison, les ragots colportés qui nuisent au bon fonctionnement de la prise de décision, l'aspect monarchique des institutions, le focus incessant sur eux, ont amené un exercice solitaire du pouvoir. Les meilleurs sont devenus des monstres, ils le savent, ils en souffrent et ils en jouissent en même temps. De Gaulle aimait la France mais pas les Français, dont il disait qu'ils étaient des veaux. Il avait quelque excuse à ce réquisitoire, ayant vu les foules de nos compatriotes, extatiques, acclamer Pétain jusqu'à la veille du Débarquement. Le plus méprisant était certainement François Mitterrand, et l'on se souvient du vieux militant qui lui avait demandé s'il pouvait le tutoyer et auquel il avait répondu, avec une froideur glaciale : « Si vous voulez. »

### *Entre Giscard, Hollande et Sarkozy*

Valéry Giscard d'Estaing, lui, avait cette bienveillance hautaine que l'on feint d'avoir pour ses domestiques. Sa phrase rituelle faisait sourire, montrant une parfaite absence d'intérêt pour les problèmes de son interlocuteur : « Vous êtes venu comment ? » Autrement dit, « Vous êtes prié de ne pas étaler vos tourments »…

Hollande semblait sympathique puisque personne ne le prenait pour un président de la République. Un préfet blanchi sous le harnais me faisait la description des politiciens qu'il avait reçus en quarante ans de préfectorale. Il les divisait en deux catégories : ceux qui « allument la lumière » quand ils entrent dans une salle et qui par leur aura font que, telle la poursuite sur une scène de théâtre, la lumière les suit, et puis les autres… qui l'éteignent. Il concluait : « Tous les présidents que j'ai vus dans cet exercice imposé du vin d'honneur, qui permet d'aller à la rencontre des élus locaux et des responsables socio-économiques, sont de la première catégorie. Le président entre dans le grand salon de réception. Les conversations s'arrêtent, les yeux se fixent sur l'arrivant, on se presse pour le saluer, les applaudissements crépitent… Tous ? Non, tous sauf un : François Hollande. Quand il arrivait, les gens continuaient à bavarder et à engouffrer les petits fours. »

Nicolas Sarkozy, lui, montait à l'assaut. Chaque interlocuteur était un prospect à conquérir ; pas de bouffe, pas de demi au bar, mais la nécessité de transmettre l'urgence, une démarche désincarnée où les individus sont les instruments de la conquête. Quant à Chirac, il avait cette gaudriole des banquets, des cochonnailles et des comptoirs de bistrot qui était le meilleur paravent pour masquer ce qu'il était vraiment : un grand bourgeois raffiné.

Alors qu'est-ce qui décidément a valu cette détestation transversale à Emmanuel Macron ?

Oui, on peut porter sur Macron une analyse critique sur un certain nombre de décisions, et je ne m'en suis pas privée quand j'ai analysé par exemple les désastreuses campagnes – présidentielle et législatives – de 2022.

Il convient surtout d'y ajouter la dissolution cataclysmique de juin 2024, même si le tsunami enregistré alors se serait de toute façon produit à la rentrée. Mais le narcissisme prêté à Macron par des gens qui ne l'ont jamais rencontré « en vrai » n'est que le reflet d'une société désertée par le souci du bien commun. Une citation de Mikhaël Aïvanhov donne donc une première clé : « Quand vous rencontrez des gens qui ne parlent que des défauts des autres, sachez que c'est surtout d'eux-mêmes qu'ils parlent. » La montée des individualismes, des égoïsmes, est telle qu'aucun politique ne pourra satisfaire la soif de bien-être de nos concitoyens, leur jalousie viscérale, leur haine de l'excellence.

Les salariés se moquent de la dette colossale qu'ils laisseront à leurs enfants pour payer leurs retraites, les néoruraux n'acceptent pas de réduire de quelques misérables kilomètres-heure leur vitesse sur les routes départementales, ce qui allongerait juste de quelques minutes leur trajet domicile-travail, et lèguent à leurs enfants le réchauffement climatique, l'idée même de se battre pour les Ukrainiens – alors que la Russie nous a déclaré la guerre – est insupportable : « Ils peuvent crever, tout cela se passe à 1 000 kilomètres de nous. » Je relisais le livre de Jean-Pierre Guéno qui reprend les lettres que les soldats dans les tranchées envoyaient à leurs familles pendant la guerre de 1914-1918. Le sentiment de se battre pour des valeurs supérieures, l'amour infini de la patrie, l'acceptation du sacrifice suprême irriguent ces correspondances poignantes.

Tout cela a disparu de notre société qui ne rêve que de biens matériels et d'un droit irréfragable à les obtenir. On ne se dit plus d'un président de la République : « Que fait-il pour les Français ? » mais : « Que fait-il pour moi, moi, moi ? ». Tout cela est relayé par des médias qui ont abandonné leur rôle de décodage et de hiérarchisation de l'information pour satisfaire un égotisme en miroir se refusent à accorder le moindre satisfecit à ceux qui nous gouvernent. Quand, dans la chaîne d'info où j'exerçais la fonction d'éditorialiste, j'ai indiqué que des signalements d'agression sexuelle commençaient à cerner le médecin urgentiste Patrick Pelloux et qu'il convenait de l'écarter des plateaux, on m'a répliqué : « Il est disponible et surtout il est toujours là pour taper sur le gouvernement ! Et c'est cela qui donne de la crédibilité… »

Quand, alors ministre de l'Action et des Comptes publics, Gérald Darmanin avait lancé le prélèvement à la source de l'impôt sur le revenu, les équipes n'arrêtaient pas de questionner des citoyens lambda. La coiffeuse ou le plombier étaient sommés de s'angoisser sur les supposées difficultés techniques du dispositif, on insistait auprès des salariés sur le flicage qui les menaçait, les économistes sur les plateaux de « C dans l'air » nous disaient leurs certitudes que tout cela conduirait à une baisse du pouvoir d'achat dans les deux premiers mois de l'année. Coquecigrues, billevesées, l'affaire s'est passée finalement *fingers in the nose*. Pas étonnant quand on sait que nous avons la meilleure administration fiscale du monde et que ce dispositif ne suscite aucune difficulté dans les pays voisins. J'ai alors indiqué à ma rédaction qu'il serait bon de retourner sur place et d'interroger nos interviewés pour un retour d'expérience. La réponse a été catégorique : « T'es pas bien… Ce qui intéresse les gens, c'est ce qui foire ! »

Comment donc…

## *Un mec trop beau, trop intelligent*

Finalement, voir élu président de la République hors de tous les circuits classiques un jeune type de trente-neuf ans, trop beau et trop intelligent, était totalement insupportable. Il fallait impérativement le liquider, et cela était d'autant plus facile que le côté « disruptif » du personnage alimentait la machine.

On ne peut pas comprendre ce qui s'est passé si on ne met pas également dans la balance la véritable méfiance qu'Emmanuel Macron nourrit à l'égard des journalistes. Il a commis une faute majeure en ne recevant pas quelques plumitifs, ravis de se proclamer confidents du président, ce qui leur aurait permis de publier des ouvrages rémunérateurs où ils auraient dévoilé ce qui leur avait été dit sous le sceau du secret. Le phénomène n'est pas nouveau et j'ai pu constater – pour avoir assisté en personne aux événements relatés – que les « indiscrets » ou « confidentiels » des gazettes sont à 80 % des tissus de calembredaines. Mais cette volonté a été érigée en dogme par Macron et a rendu les journalistes enragés, sur le mode : « Tu ne veux pas nous parler, coco, pas grave, on va inventer ! »

Je me rappelle ce déplacement à Nevers, ma ville natale. Nous venions présenter le Pass Culture. La foule acclamait le président. Nous nous sommes arrêtés pour boire un pot dans une brasserie de la place Carnot entourés de passants bienveillants. Alors que nous repartions, un bonhomme passablement éméché a éructé quelques insultes et trivialités. J'ai pensé aussitôt que cela tournerait en boucle sur les chaînes d'info et ça n'a pas manqué.

## *Le délire anti-Macron*

Le résultat de tout cela est que nous avons abordé les élections de 2022 et de 2024 dans un véritable délire anti-Macron. Les médias du groupe Bolloré annonçaient la couleur sans vergogne en soutenant au grand jour l'extrême droite ; quant à la directrice de France Inter, elle revendiquait clairement la ligne « progressiste » – litote classique signifiant « de gauche » – de la rédaction tout en évacuant un humoriste aux propos carrément antisémites pour donner une livre de chair à sa ligne éditoriale prétendument équilibrée ; *Le Monde*, journal dit « de référence », s'est peuplé au fur et à mesure des années de journalistes décidés à avoir la peau d'Emmanuel Macron, les réseaux sociaux dégoulinaient de haine, tout cela sous le sourire sardonique de Poutine qui continuait de mener sa guerre informationnelle contre la France et qui se réjouissait de voir conspuer le leader politique qui lui tenait tête.

Macron est bien un « monstre » au sens de « personnalité hors norme », étonnante et inclassable, mais la caste en a fait un personnage « monstrueux », ce qui est bien différent. La justice sera qu'en commettant cet assassinat, les auteurs ont ouvert encore plus grande la gueule du Moloch qui les engloutira à leur tour.

# Les « ingénieurs » du chaos

Quelque chose s'est donc arrêté en moi à la mort de Jacques Chirac. Comme s'il avait constitué dans ce cirque mortifère une sorte de garde-fou qui a culminé dans les 82 % de suffrages obtenus lors du second tour de la présidentielle de 2002.

## *La foi de Chirac*

Le discours prononcé à Rennes le 23 avril 2002 a gardé toute son actualité et sa force :

« Je m'oppose avec détermination à ceux qui ne respectent pas les valeurs humanistes et la vocation universelle de la France. Je m'oppose avec détermination à ceux qui brandissent la menace de la rue, qui agitent les spectres de la force brute de l'irrationnel et du mépris. La République ne transige pas quand il en va de l'essentiel, quand il en va de l'esprit et du cœur de notre pays. La République ne transige pas quand l'âme même du peuple français est en question. Ce combat est le combat de toute ma vie.

C'est un combat moral. La France n'est la France que si elle est ouverte, ouverte sur l'Europe, ouverte sur le monde, décidée à y jouer tout son rôle, à y prendre toute sa place. »

L'élu socialiste qui m'accompagnait, le cœur gros après l'élimination de Lionel Jospin au premier tour, écoutait, fasciné, et dans la voiture qui nous ramenait à Angers murmura : « Il était mon candidat, il est maintenant mon président. »

## *Les monstres raffolent de la violence*

Il y a une chose que je ne pardonnerai jamais à certains monstres de la vie politique : c'est d'avoir de façon systématique convoqué la violence, la colère et le ressentiment dans le débat public. Cette perversion ne concerne pas seulement les partis extrémistes traditionnels, comme l'aile historique de l'ex-Front national, ramassis de nostalgiques de la Collaboration, anciens gudards, militants d'Occident ou transfuges de l'OAS, officine d'adoubement de candidats dont l'incompétence ferait rire si elle n'était pas accompagnée parfois de propos d'un racisme obscène. Elle concerne aussi, et même au premier chef, La France insoumise, formation majoritaire et hégémonique du cartel des gauches à laquelle se sont ralliés piteusement les sociaux-démocrates et extatiquement les micropartis révolutionnaires comme le Nouveau Parti anticapitaliste (NPA), qui n'en revient pas d'être ainsi invité à détruire la Ve République et à prêter main-forte officiellement aux ingénieurs du chaos, suivant la belle expression de Giuliano da Empoli. Elle concerne enfin des écologistes, nouveaux barbares immatures de l'époque qui, au nom d'une juste cause, cautionnent les attaques contre les forces de l'ordre, saccagent les exploitations agricoles, s'en prennent aux œuvres d'art. Que des chapeaux à plumes malfaisants se déploient ainsi pour des raisons utilitaristes – garder des sièges et des places – ou idéologiques – mettre à bas la démocratie qu'ils exècrent –, cela s'explique à défaut de se comprendre. Mais que des citoyens avertis, acteurs de la vie économique et sociale, journalistes, responsables de partis modérés, chefs d'entreprise, professionnels de santé, artisans, commerçants se soient ralliés avec armes et bagages à des formations qui ont le projet déclaré de les ruiner, voilà qui laisse, c'est le cas de le dire, sans voix. On voit des agriculteurs bramer contre les accords de libre-échange qui nous maintiennent dans le peloton de tête des puissances agricoles exportatrices, des médias réputés modérés comme *Le Figaro* ou *Le Point* littéralement conchier le président de la République avec une véhémence que ne désavouerait pas *Rivarol*, le responsable d'un syndicat de médecins libéraux faire campagne aux législatives pour un candidat insoumis qui veut la disparition de son mode d'exercice, des gamins brûler les équipements construits pour eux, des féministes devenir les complices d'islamistes résolus à instaurer la charia dans notre pays et, comble du ridicule, des responsables LR s'ériger en défenseurs de l'hydroxychloroquine, organiser une primaire qui vit voter le chien Douglas, refuser des réformes qu'ils appelaient de leurs vœux, s'allier avec ceux qui allaient les battre quelques mois plus tard. Les exégètes des mouvements sociaux, les politologues piqués d'études d'opinion, les éditorialistes pétris de morgue nous expliquent doctement les faits autour de plusieurs batteries d'arguments.

*Le réquisitoire antimacroniste*

Les premières salves de critiques – apparemment les plus recevables – égrènent les problèmes des plus modestes impactés par l'inflation, les prix de l'énergie, les difficultés à se loger ou à se soigner. Entendre cela est nécessaire et y remédier est une ardente obligation, mais il est étonnant de ne pas mettre ce constat en perspective avec les incroyables progrès enregistrés en matière d'espérance de vie, d'opportunités dans la vie professionnelle et de pouvoir d'achat. Il est tout à fait injuste de ne pas saluer les politiques sociales et économiques développées depuis 2017 et au bilan impressionnant : un chômage ramené de 9,6 % à 7,5 %, 2 millions d'emplois créés, 825 000 apprentis en formation contre 300 000 quelques années auparavant, un gain de pouvoir d'achat de 0,5 % par an, deux fois plus qu'en Allemagne et à comparer avec les scores de 0,2 sous Nicolas Sarkozy et 0,1 de François Hollande, 30 milliards d'euros rendus aux contribuables et 28 milliards aux entreprises ; tout cela a fait de nous depuis l'élection d'Emmanuel Macron le pays le plus attractif d'Europe. Que des révolutionnaires à poils durs n'y voient que des subterfuges d'un capitalisme dévoyé, soit. Mais, le surlendemain des élections européennes, j'ai entendu une cheffe d'entreprise chanelisée et bijoutée dire sur le plateau d'une chaîne d'info avec une moue dégoûtée : « Bof, la seule chose positive que Macron ait faite, c'est la *flat tax* », en feignant d'oublier la baisse des impôts de production, la suppression de la contribution sur la valeur ajoutée, l'augmentation des exonérations sur les bas salaires et les 70 % d'entreprises aidées pendant la pandémie à grand renfort de subventions, exonérations et prêts. Tant d'ingratitude laisse pantois.

Certes, tout cela a été fait pour une bonne partie par du déficit qui se transforme inexorablement en dette. Mais les mêmes qui fustigent cette errance française n'ont rien fait pour y remédier quand ils étaient au pouvoir et l'ont même sérieusement aggravée. Quand, au cours de la pandémie de Covid, je présentais les mesures de soutien aux artistes, on réclamait sur tous les bancs des budgets pour les musées municipaux, les musiciens « au chapeau » sur les terrasses des cafés, les fanfares, les bibliothèques, les groupes folkloriques, les guides au pourboire, les théâtres, les cinémas de quartier ; ça n'en finissait jamais, et tout cela était exigé véhémentement par les plus farouches partisans de l'orthodoxie budgétaire. Relisez les réactions des oppositions après les annonces d'Emmanuel Macron en réponse au mouvement des Gilets jaunes le 10 décembre 2018, annonces qui mobilisaient 10,3 milliards d'euros, financés aux deux tiers en laissant filer le déficit. Et Benoît Hamon déclara solennellement : « Le compte n'y est pas ! »

On s'en doutait. Alors que les oppositions de droite et de gauche sont responsables de plus de 70 % de la dette actuelle, elles ont décidé d'ignorer leurs turpitudes. Tout est fait pour nous assurer que « c'était mieux avant » et créer la nostalgie qui est toujours ce qu'elle était : une invitation à refuser le progrès et l'audace.

La seconde catégorie de critiques est beaucoup plus difficile à contrecarrer car elle fait appel à des sentiments, à des impressions, en fait à la certitude qu'ont les Français de vivre collectivement ou individuellement une trajectoire de déclassement et de perte d'identité. Les coupables sont désignés : les immigrés et le gouvernement « qui ne fait rien ». Quelles que soient les performances en matière industrielle, touristique, culturelle, nos concitoyens sont persuadés que leurs enfants vivront moins bien qu'eux. Pour eux, notre pays est devenu une passoire où des immigrants clandestins s'ébattent à l'aise pour imposer leur religion et leur mode de vie. On ne va pas se raconter d'histoires : je suis « offensée » – puisque c'est la novlangue à la mode – quand je croise une femme voilée dans la rue. Je me morigène et fais appel à toutes les ressources de mon éducation chrétienne ainsi que de l'humanisme bienveillant du siècle des Lumières et souris cordialement à l'inconnue. Un demi-siècle de combats féministes, le couteau entre les dents, au péril des attaques sexistes et des moqueries humiliantes, pour en arriver là ? Pire, celles que j'aurais dû trouver à mes côtés laissent tomber la cause pour conquérir l'électorat musulman ? Voir sur les affiches de l'Unef une candidate voilée ? Misère. La femme de gauche, immense personnalité du théâtre qu'est Ariane Mnouchkine a dit ce qu'il fallait dire à propos du négationnisme des monstres de la gauche extrême en juin dernier :

« Je nous pense en partie responsables, nous, gens de gauche, nous, gens de culture. On a lâché le peuple, on n'a pas voulu écouter les peurs, les angoisses. Quand les gens disaient ce qu'ils voyaient, on leur disait qu'ils se trompaient, qu'ils ne voyaient pas ce qu'ils voyaient. Ce n'était qu'un sentiment trompeur, leur disait-on. Puis, comme ils insistaient, on leur a dit qu'ils étaient des imbéciles, puis, comme ils insistaient de plus belle, on les a traités de salauds. »

Oui, la gauche et tout spécialement M. Mélenchon et ses séides ont une responsabilité écrasante dans la montée de l'extrême droite. Pire, un socialiste « modéré » – ha, ha, ha, magnifique oxymore en l'occurrence –, Raphaël Glucksmann, reprend le flambeau diabolique de François Mitterrand qui ne manquait pas de faire resurgir la proposition du droit de vote des immigrés à chaque élection pour engraisser le Front national au détriment de la droite républicaine.

## *Sur quelle planète le président vit-il ?*

Je suis absolument convaincue que nous avons besoin d'une immigration régulée et intégrée alors que notre taux de fécondité va chuter inexorablement et qu'aucune allocation n'a jamais fait fonctionner les ovaires des femmes quand celles-ci ont leur premier enfant en moyenne aujourd'hui à trente et un ans. Quand j'entends le président de la République parler de « réarmement démographique », je me demande sur quelle planète il vit, même si c'est une calembredaine partagée par les natalistes de droite et parfois de gauche. Prennent-ils et prennent-elles les femmes pour des poules pondeuses ? Comment renouer avec un passé qui faisait de nous la première puissance du monde et où les Français représentaient le quart de la population européenne ? Il est d'ailleurs très signifiant que le président ait utilisé ce terme de « réarmement » : il s'inscrit ainsi dans les mythes fondateurs de la France, puissance guerrière, expansionniste et colonialiste, régulièrement envahie en retour. La France ne demandait pas aux femmes de faire des enfants mais bien de faire des soldats, aux mères d'attendre, résignées, le maire de la commune, vêtu de noir, qui viendrait leur annoncer la mort de leur mari ou de leur fils. Les chiffres sont sidérants : 1,1 million de militaires français morts pendant les guerres napoléoniennes, ce qui correspondrait à 2,5 millions par rapport à la population d'aujourd'hui ; les 1,7 million de morts de 1914-1918 correspondraient à 3 millions de morts (sans compter les 4 millions de blessés). C'est cela que veulent nous vendre les militants du « C'était mieux avant » et de notre imperium perdu ? On n'est pas heureux parce qu'on domine le monde, on l'est quand on a bâti une démocratie solidaire dans un environnement préservé. C'est précisément le pays où nous vivons.

La troisième argumentation est confondante car largement irrationnelle, mais elle vient de tellement loin qu'elle mérite que je lui consacre un chapitre où nous allons largement retrouver Emmanuel Macron, ingénieur et victime du chaos.

# Les nouveaux tueurs utilisent la violence symbolique

D'accord, la montée du racisme, de la peur de l'autre, de la perte d'identité collective, la crainte du déclassement sont bien réelles, mais le terreau sur lequel elles ont fleuri est alimenté par quelque chose de beaucoup plus profond, j'en ai vu – comme un coup de poing – la froide réalité un soir de janvier 2024.

## *Quand on était en famille*

J'ai accepté de participer ce soir-là à la cérémonie de vœux d'une commune de la circonscription que j'ai représentée pendant un quart de siècle à la suite de mon père : cinquante ans d'hégémonie Narquin où nous avons vu tous les bouleversements, évolutions et révolutions sociétaux, sociaux et économiques. Dans ce secteur des Trois-Rivières où j'obtenais plus de 90 % des suffrages dans certaines communes, je connais le nom des fermes, des lieux-dits, la race des bovins qu'on y élève. J'embrasse tous les maires de droite et de gauche et les larmes coulent quand je suis amenée à prononcer leur oraison funèbre.

Le père Paul Cherbonneau, agriculteur, maire de Sœurdres, et quelque temps député, m'avait donné ce conseil lors de ma première élection avec son rugueux accent campagnard : « Ma p'tite fille, faut être souple avec les masses. » Il n'avait pas le téléphone et l'Assemblée nationale le joignait chez une voisine. En cas d'appel, celle-ci sortait sur la route et gueulait : « Paul ! Paul ! C'est pour toué... C'est la Chambre ! »

Je souris en me remémorant la phrase culte de mes électeurs à la fin d'une réunion : « Bon, madame Roselyne, c'est pas qu'on s'ennuie avec vous, mais y a les bêtes... »

Les parties interminables de boule de fort avec la remise du challenge qui portait mon prénom nous emmenaient tard dans la soirée. Ce jeu mythique, hérité des mariniers de la Loire, se joue sur un terrain incurvé comme une cale de navire. Les boules sont ferraillées de façon asymétrique tels les contrepoids des cordages, et tout cela donne à leur mouvement vers le « maître » une trajectoire sinusoïdale tout à fait déroutante pour le profane.

Chaque village avait deux jeux, l'un sous le patronage du curé, saint Paul ou encore Saint Louis, l'autre sous l'égide de l'instituteur, la Renaissance ou la Fraternité, réminiscence forte des guerres de Vendée qui secouèrent ce département. Les « colonnes infernales » des révolutionnaires massacrèrent en masse dans cette région – certains historiens avancent le chiffre de cinquante mille personnes assassinées – et le souvenir en est resté vivace. Pas très loin de mon domicile d'alors, les dépouilles de prêtres « réfractaires » et de deux mille fidèles fusillés sous la Terreur sont inhumées dans un lieu appelé le « champ des Martyrs ». Quand quatre-vingt-dix-neuf d'entre eux furent béatifiés par Jean-Paul II le 19 février 1984, on ne peut imaginer la ferveur des milliers d'Angevins sur la place Saint-Pierre de Rome qui agitaient les mouchoirs rouges de Cholet et chantaient « Prends ton fusil, Grégoire [...] / Prends ta vierge d'ivoire ».

C'est épouvantablement réac, je le reconnais, surtout de la part de l'arrière-arrière-petite-fille d'un septembriseur coupeur de têtes. Pire, c'est jouer à contre-emploi : on avait donné le nom de « Sainte-Agnès » à l'institution où je fus scolarisée... simplement car la Sainte-Agnès se fête le 21 janvier, date où fut guillotiné Louis XVI, ce qui permettait ainsi une commémoration qui échappait à la bienséance républicaine.

Les fêtes paroissiales réunissaient les habitants autour des chars fleuris et des buvettes. Le premier samedi de septembre, le comice agricole voyait affluer tout le canton. On s'amusait d'entendre les commentaires de certains sous-préfets venus de Paris qui pensaient que les betteraves étaient des fruits exotiques, et les convives qui s'étaient attablés autour des tables posées sur des tréteaux dans la grande prairie au bord de la Sarthe pour déguster le brochet au beurre blanc et l'omelette norvégienne ne s'offusquaient pas de se voir infliger une dizaine d'interminables discours. Les « cabinets » étaient situés sur un petit monticule qui les mettait bien en vue de toute la compagnie, ce qui valut à la première sous-préfète du canton qui tentait d'y faire un déplacement discret de se voir rattraper par le président du comice, un rouleau de papier hygiénique à la main et qui lui criait : « Madame, madame, vous avez oublié le papier ! »

Bref, on était en famille.

Petit à petit, tout cela a disparu, les commerces de la rue Nationale ont fermé et Tétaine, le marchand de vélos, n'aurait plus de clients aujourd'hui. C'est un Super U flambant neuf qui draine l'activité commerciale de tout le secteur et les clients se font coucou de loin en poussant leur Caddie.

Tous ces souvenirs affluaient dans mon esprit alors que celui qui fut mon suppléant et qui devint député tandis que j'exerçais mes fonctions ministérielles conduisait la voiture en me faisant le point sur les personnalités présentes lors de la cérémonie.

## *Où sont passées les altesses royales ?*

À mon arrivée à la salle communale baptisée « l'Entrepôt », récupérée après le dépôt de bilan d'une entreprise de travaux publics, principal employeur du canton, je suis reçue par la pétulante sous-préfète de Segré, Djamila M., qui m'annonce que Segré, la sous-préfecture, s'appelle désormais « Anjou Bleu ». La commune de Saint-Sylvain-d'Anjou dont le député Renaissance a été maire a fusionné avec Pellouailles-les-Vignes pour former Verrières-en-Anjou. Pratique : on évacue le « Saint », qui pouvait choquer les agnostiques, et la mention « les-Vignes » accordée à ce village qui avait contribué plus que tout autre au fameux « pinard » du soldat pendant la guerre de 1914-1918, ce qui pouvait révolter les apôtres des ligues antialcooliques ! On me présente le sympathique conseiller départemental du canton voisin de Tiercé, Nooruddine M. Il faut dire qu'avec la réforme des élections départementales, on a joint à ce canton rural le canton d'Angers-Nord à forte population immigrée, et voilà le gamin d'un « quartier » écoutant l'agriculteur de Tiercé lui parler de fosse à lisier et de bandes enherbées. Alors que, dans cette place forte du catholicisme, il n'y a pas si longtemps, le simple fait d'être divorcé vous interdisait une carrière politique, je vois avec bonheur des élus afficher une union homosexuelle, des couples de garçons parents d'un enfant adopté, des couples de filles parentes d'un bébé né par PMA. Un vrai bouleversement sociétal, politique et religieux.

Dans le couple de la maire de Châteauneuf, c'était le mari, Jean-Marc, qui était le notable il y a vingt ans : un solide gaillard qui présidait l'antenne départementale de la FNSEA (Fédération nationale des syndicats d'exploitants agricoles). Aujourd'hui c'est son épouse qui tient fermement les rênes de la mairie et il rase les murs dans le fond de la salle en tapotant sur son portable, ce qui n'est pas sans me réjouir alors que je me souviens de nos engueulades lors des innombrables crises qui secouaient régulièrement l'économie des exploitations. La maire m'annonce fièrement que « Châteauneuf-sur-Sarthe » n'est plus qu'un lieu-dit et que huit communes ont fusionné pour former la nouvelle entité dénommée « Les Hauts-d'Anjou ». Bon, évidemment, avec ce scrutin de liste global, il y a trois petites communes qui n'ont aucun élu, puisqu'on prend tout naturellement comme tête de liste les candidats des communes les plus peuplées, mais il faut faire des « économies d'échelle » – je ne sais pas si elle parle de celle de Richter…

Elle monte à la tribune pour faire un compte rendu de mandat, et là, *icing on the cake*, comme on dit en Corrèze, le bâtiment emblématique de la mairie de Châteauneuf est abandonné ! La mairie où j'ai tenu une permanence le vendredi, jour de marché, à côté de l'église, avec sur la place la statue de Robert le Fort, le bisaïeul d'Hugues Capet, le chef des Francs qui en combattant les Vikings fut blessé à mort à la bataille de Brissarthe en 866 pour avoir quitté malencontreusement sa broigne et qui a continué de conduire ses troupes, adossé à un arbre, avant de mourir ! On va construire, me dit la maire en me montrant les plans, un énorme bâtiment en verre et béton sur les bords de la Sarthe. Nom d'un chien… Lors du vin d'honneur qui suit, je lance précautionneusement à un élu tout guilleret :

« Et Robert le Fort ?

— Vous savez, aujourd'hui, tout ça, ça ne signifie plus rien pour les gens », dit-il.

Me revient alors en mémoire la célébration du millénaire des Capétiens en 1987. Nous avions reçu Alphonse de Bourbon, duc de Cadix et d'Anjou. Dans la salle communale de Châteauneuf, les Castelneuviens se pressaient autour des verres de mousseux et des assiettes de biscuits Delacre. Une brave dame chuchota à mon oreille : « Vous pourriez me présenter à Son Altesse royale ? » Mais comment donc… et à ma stupéfaction, je la vis s'agenouiller devant l'Espagnol, lui baiser la main et déclarer, extatique : « Mon roi ! »

Je pensais que l'altesse allait me regarder d'un œil torve. Pas du tout. Deux ans après, faisant du ski dans le Colorado, il mourait quasiment décapité par un câble tendu en travers de la piste. J'espère que la brave dame y a vu un signe du destin qui lui a permis de relativiser son chagrin. En tout cas, pour elle, la généalogie des Bourbons n'avait pas de secret. Elle savait qui était Robert le Fort et elle aurait été horrifiée de cette offense de lèse-majesté.

## *Le coup de force des élites*

J'ai réalisé alors la somme inouïe des violences symboliques encaissées par notre peuple en deux décennies. Il n'a même pas le droit de se plaindre car toutes ces évolutions sont justes, nécessaires et rendues inévitables. J'ai moi-même milité et combattu pour que toutes ces réformes adviennent. Personne ne songe plus maintenant à revenir sur le Pacs ou le mariage homosexuel, les Français sont massivement pour l'interdiction du cumul des mandats qui a envoyé des palanquées de députés hors sol à l'Assemblée nationale. Les nouveaux élus indiquent clairement qu'ils ne sont pas des assistantes sociales et que eux/elles aussi ont droit à leur week-end. La nécessaire parité – pour laquelle je me suis battue bec et ongles – a exigé qu'on renvoie dans leurs foyers des élus bien implantés et qu'on recrute des nouvelles têtes parachutées. Et chacun de fustiger le nombre excessif de nos villages alors qu'ils étaient le cœur battant des convivialités.

Quand je suis née, il y avait 400 000 bistrots dans notre pays. Il n'en subsiste qu'un sur dix. Les gens ne vont plus à la messe, d'autant que l'absence de prêtres a conduit à regrouper en moyenne treize communes en une seule paroisse. On sort de leur maison de retraite de vieux curés qui s'efforcent de célébrer un office de temps en temps. Il est loin le dimanche où toute la commune se retrouvait sur le parvis pour prendre des nouvelles des uns et des autres. Les néo-ruraux qui peuplent les lotissements sont devant leur télé et se gardent bien de participer à ce qui reste de vie sociale maintenue à la force du dévouement par des élus et des associatifs admirables.

Une très grande majorité de nos compatriotes ont donc accepté tout cela mais l'ont aussi vécu comme un coup de force des élites qui les ont traités avec mépris et stigmatisés. Le sentiment initial de culpabilité a fait place à de la rancœur puis à de la haine. L'omniprésence des débats sociétaux dans l'espace public a acté la certitude chez les plus modestes que non seulement ces gens-là ne s'occupent pas de nous, de nos problèmes, mais qu'ils ne s'occupent que d'eux. Dans une réunion, une candidate du Front national m'avait lancé : « Oh, ben si vous vous battez pour les gouines, c'est que vous devez en être ! »

Persuadés de la justice de nos causes, nous les progressistes – j'en fais partie – n'avons pas vu ou pas voulu voir que nous les faisions souffrir. La violence symbolique que nous leur avons imposée n'a pas été traitée. Pire, nous avons renchéri dans l'emphase, les discours magnifiques et empreints de lyrisme de Christiane Taubira que j'ai applaudis vigoureusement sont restés abscons, provocateurs et incompris. Que l'on m'entende bien : il n'est pas question de reculer ne serait-ce que d'un millimètre sur ces superbes avancées, mais bien de reconnaître que nous nous sommes comportés avec l'arrogance des vainqueurs. La gauche a traité ceux qui s'opposaient à ces transformations de fascistes et la droite a traité de fossoyeurs ceux qui, comme moi, se battaient pour elles.

### *Et si je jetais mon ordinateur par la fenêtre ?*

Dans cette tempête sociale qui fracture la France, les nouvelles technologies nous broient et chacun de nos concitoyens affronte les exigences de la société numérique. Même les plus armés deviennent des petites choses pantelantes. À dix ans d'intervalle, en 2012 et 2022, je me suis retrouvée dans la même situation de devoir retourner à la vie civile et satisfaire un certain nombre de déclarations et de vérifications. Alors qu'il n'avait fallu que quelques heures pour venir à bout des corvées en 2012, il m'a fallu quasiment un mois pour arriver à réunir les pièces nécessaires et faire les démarches requises en 2022. Des explications étaient demandées de façon soupçonneuse sur un compte bancaire lesté de… 26 euros, des justificatifs exigés pour la diminution constatée de mon compte d'épargne, on me sommait de m'identifier avec FranceConnect – caramba, où ai-je noté ce code ? –, l'Assemblée nationale me réclamait un extrait de naissance pour vérifier que j'étais bien vivante, m'avait assuré l'aimable fonctionnaire du Service des pensions – pas de bol, le service informatique de ma mairie de naissance était en rade ; puis, alors que je devais fournir l'arrêt de mes comptes au 20 mai, date de la cessation de mes fonctions ministérielles, j'ai envoyé le relevé détaillé et complet du mois au 31 mai, il m'a été répondu que non, non, non, il fallait un arrêt au 20 mai précisément, ce que la banque sollicitée après plusieurs jours d'attente m'a facturé 60 euros par compte. On continua avec le redémarrage de ma retraite parlementaire suspendue pendant mon passage au ministère de la Culture, et alors qu'elle n'est pas soumise à condition de ressources, il m'a été demandé de fournir mes déclarations d'impôts des cinq années précédentes... Étonnée de cette innovation ubuesque, j'ai demandé des explications, et il m'a été répondu : « Heu... En fait, nous avons réuni un groupe de travail pour rationaliser tout ça. »

Bon Dieu, mais c'est bien sûr, il y a des gens – payés par nos impôts – qui se réunissent pour savoir comment ils vont s'y prendre pour nous emmerder. Saluons l'administration et ses agents, ils y arrivent avec un talent incontestable. Chaque fois que j'entends un ministre me parler de simplification administrative, je reste persuadée qu'on va nous sortir un formulaire supplémentaire. Quand j'ai arraché un « pognon de dingue » pour sauver la culture française pendant la pandémie, j'ai inauguré un système avec des procédures ultra-allégées, des factures envoyées parfois par simples SMS. Je ne suis pas dupe, il y a eu certainement un peu de filouterie, mais on ne demande pas à un gars qui se noie s'il a bien son permis de pêche. Devant l'avalanche de précisions et d'interdictions demandées au motif de moraliser la vie publique, j'ai pensé que la règle qui régissait nos existences était bien la règle des 5C : « C'est Con mais C'est Comme Ça. »

Si je pleurniche un peu, je le reconnais, c'est que tout au long de ce mois d'errance informatique, j'ai pensé : je suis une ultra-privilégiée avec un bagage bac + 10 et pourtant il m'arrive, à bout de nerfs, de chialer devant mon ordinateur. Mais quelle angoisse cela doit être pour des millions de Français qui n'ont pas eu ma chance et qui pensent : « Mais si, si, ils s'occupent de nous, mais en fait, ils nous veulent du mal ! » C'est pire que l'abandon. Heureusement que nos petits-enfants viennent nous expliquer comment ça marche quand l'envie nous prend de jeter l'ordinateur par la fenêtre, avant peut-être pour certains d'enjamber la rambarde…

Histoire de vérifier l'adage de la loi de l'emmerdement maximum, la pandémie a nécessité pendant deux ans des mesures indispensables certes mais qui sont apparues à nos concitoyens comme parfois absurdes et pire vexatoires. Nous nous sommes réjouis que l'immense majorité d'entre eux les ait acceptées et observées avec un sens du devoir et de la solidarité qui force le respect. Pour autant, le renfermement sur la sphère privée avec ce que cela a comporté de contraintes et d'étouffement a renforcé le sentiment d'éloignement des politiques et amoindri le goût du vivre-ensemble.

### *Avec Strauss-Kahn et Fillon, on touche le fond*

Vous allez me dire : « Et Macron dans tout ça ? » J'y viens, j'y viens, mes bons amis. Mais encore un petit moment…

Dans ce monde où le sol tremblait sous nos pieds, il nous restait quelques repères politiques : un parti néogaulliste conservateur mais ouvert, le RPR-UMP-LR, avec ses alliés libéraux et centristes, et un parti social-démocrate, le PS, avec ses alliés écologistes et communistes, qui s'était peu à peu converti aux réalités socio-économiques, les deux camps étant dominés par des structures résolument proeuropéennes.

Le premier tsunami touche le Parti socialiste. Alors que le directeur du Fonds monétaire international, Dominique Strauss-Kahn, s'en va vers une élection de maréchal à la primaire de la gauche, il est pris dans une sordide histoire d'agression sexuelle, de tentative de viol et de séquestration sur une femme de chambre de l'hôtel Sofitel de New York où il résidait. Dans cette affaire crapoteuse, le pire est la violence symbolique inouïe du crime. Un bourgeois de gauche, patron d'une institution financière hégémonique, s'en prend à une domestique immigrée et va se libérer de la procédure en lui versant 1,5 million de dollars. Il bafoue et humilie son épouse, prototype de l'intellectuelle indépendante, engagée et emblématique qui se comporte avec une dignité absolue, rendant encore plus misérables les mœurs de DSK. Pour « parfaire » le tout surgit quasiment en même temps l'affaire du Carlton de Lille : un entremetteur surnommé « Dodo la Saumure » (on touche le fond !), avec d'autres aigrefins, fournissait des prostituées pour des partouzes où le socialiste a reconnu avoir manifesté une sexualité un peu rude. Comme s'il fallait embarquer l'équipage entier dans cette galère nauséabonde, des journalistes amis confient en rigolant « Tout le monde savait », les hiérarques du Parti socialiste, tel Jack Lang, en rajoutent dans la lâcheté complice. Et voilà comment le PS, miné de l'intérieur, choisit à la primaire un candidat, François Hollande, aussi fait pour être président de la République que pour être danseur étoile à l'Opéra de Paris.

La poutre d'étayage s'étant effondrée à gauche, l'élection présidentielle de 2017 va voir le phénomène se reproduire à droite. Ce qui est intéressant est que là aussi, ce qu'il faut appeler l'« affaire Fillon » va ébranler l'un des fondements des valeurs essentielles du clan conservateur, la famille, en y impliquant une épouse modeste, concentrée sur la tenue de son ménage et l'éducation de ses enfants. Dans les deux cas, les fauteurs de troubles semblaient destinés à tous les triomphes. On pourrait minimiser leurs errances en soutenant qu'ils n'étaient pas les premiers – ni les derniers – à être impliqués dans des affaires de sexe ou d'argent. Ce qui les relie, c'est à la fois la proximité d'une victoire probable et l'humiliation infligée à deux emblèmes : à gauche une intellectuelle porteuse de l'émancipation des femmes, et à droite une gardienne du foyer se réalisant dans la sphère privée et assurant à qui voulait l'entendre qu'elle ne s'occupait pas des affaires politiques de son mari et qu'elle n'avait jamais été son assistante – ainsi au *Sunday Telegraph* en mai 2007.

La tectonique des plaques détruit alors deux siècles de structuration politique et l'incroyable devient possible. Bien sûr, la malandre, cette pourriture du bois invisible à l'extérieur, minait des formations usées par l'histoire, le clientélisme, les scandales financiers. La violence symbolique va faire exploser l'écorce protectrice et mettre au jour l'intérieur empuanti et permettre le surgissement des monstres.

J'entends ici « monstres » non pas dans l'acception de « quelque chose de repoussant » mais au sens d'individus à l'apparence ou au comportement qui surprennent par leur écart avec les normes d'une société.

### *Macron au regard d'extraterrestre*

C'est ainsi que sur ce champ de ruines apparaît en 2017 Emmanuel Macron, suivi par une cohorte de gens improbables surgis de la périphérie du champ politique. Ils étaient là à attendre leur heure, comme les extraterrestres aux yeux dorés dans *Le Village des damnés* de John Wyndham et le film éponyme de Wolf Rilla, un classique des films d'horreur : Jean-Luc Mélenchon et son musée Grévin des affreux, Éric Zemmour qui se fait rouler par une blonde qui part avec ses économies, Éric Ciotti, avec sa voix croassante et son charisme de parpaing, les écolos perdus en route qui balancent leur derrière dans les meetings, de la soupe sur *La Joconde* et des boules de pétanque sur les forces de l'ordre, Jordan Bardella qui nous refait l'émission de Jacques Martin « L'École des fans » :

« Et elle fait quoi Marine, ta maman ?

— Elle est fâchée avec papy mais elle l'aime bien quand même !

— Quand tu seras grand, tu veux faire quoi ?

— Premier ministre ! »

Il n'a pas l'air bien compétent, mais paradoxalement ça rassure les Français. Dans le débat des européennes qui l'opposait à Gabriel Attal, les observateurs de bonne foi ont donné le point au Premier ministre. Mais je savais que le soupçon de morgue qui habitait son visage ne lui serait pas pardonné. Paf, gagné ! Le lendemain, Bardella avait pris deux points dans les sondages. Au cours de la dernière campagne des législatives, les réseaux sociaux ont relayé les prestations totalement improbables d'une centaine de candidats du parti d'extrême droite. Dans le désastre de l'entre-deux-tours, je repassais en boucle leurs piteuses interventions pour me remonter le moral, tellement elles faisaient penser à un sketch de Groland. Puis j'ai imaginé les Bidochon devant leur télé et Robert disant à Raymonde : « Tu crois pas qu'on devrait essayer les cons ? »

Bon, au dernier moment, ils se sont ressaisis. Tant mieux.

Dans cette cour des miracles repoussante, tel un archange, Macron surprend avec sa beauté physique, ses yeux bleus au regard hypnotique (comme dans *Le Village des damnés* !), sa capacité à avaler les dossiers. Sans l'incroyable désastre moral porté par leurs champions, les partis traditionnels n'en auraient fait qu'une bouchée. Pas étonnant alors que, dans la déroute du vieux monde, il soit apparu comme un recours. Mais après avoir été envoûtés, les électeurs ont été dépités. Il était « trop » et, consumés par la jalousie, nos concitoyens ne supportent que très peu de temps les êtres qu'ils jugent supérieurs. C'est pour cela qu'ils se sont débarrassés sans ménagement de Georges Clemenceau puis du général de Gaulle par deux fois.

En plus, c'est dingue, le type était « banquier » – c'est plus excluant que « travaillait dans une banque » –, et là, c'est trop bon, pas au Crédit agricole ou à la Caisse d'épargne, non, non, chez Rothschild ! Il est d'ailleurs intéressant de constater que Georges Pompidou – à droite – et le trésorier du Parti socialiste Henri Emmanuelli – à gauche – avaient eu dans cet organisme bancaire des fonctions hiérarchiquement beaucoup plus élevées que celles tenues par Macron sans susciter ce torrent de haine porté par l'antisémitisme. Quel dommage que Macron ne soit pas en plus lui-même juif et franc-maçon ! Cela n'aurait été que jouissance absolue pour les complotistes, les cons et les médiocres.

### *Sa femme est un « travelo » !*

Emmanuel Macron va loin dans le disruptif : une épouse de vingt-cinq ans plus âgée que lui va déchaîner un charivari complotiste d'une ampleur sidérante. Dans l'imaginaire collectif, le type qui fait ce choix est un « pédé » et sa femme est un « travelo ». Là encore, que ce genre de propos soient proférés en riant grassement par des mecs bourrés qui éclusent des Ricard au zinc est classique, mais les entendre dans des dîners bon chic bon genre chez des bourgeois qui susurrent ces ragots avec les mines gourmandes de gens qui se prétendent bien informés vous donne l'envie de leur f… un coup de poing dans la gueule.

Il y a pire. Quand on lit les extravagances relayées par les réseaux sociaux, on reste éberlué devant les accusations portées, accusations de pédocriminalité, d'utilisation d'injections d'adrénochrome, une substance qui serait collectée chez des enfants torturés lors de rites sataniques. La première réaction chez un être humain sensé est de rigoler en pensant qu'il y a vraiment des mabouls. Et puis non, là encore, vous retrouvez ces théories abominables proférées par des professeurs d'université ou répétées goulûment sur les ronds-points tenus par les Gilets jaunes ; pire, elles ne font l'objet d'aucun démenti de la part d'associations ou de forces politiques qui devraient à cette occasion abandonner le combat politicard de caniveau pour le premier qui vaille : celui de la dignité humaine. Le Rassemblement national a été la chambre d'écho complaisante de cet égout de merde où flottaient des étrons, retrouvant là les techniques malodorantes des fascistes dont ils tentent de faire oublier qu'ils sont les héritiers, mais qui leur collent à la peau telle une tunique de Nessus. Quand on pense que pas une association féministe ne s'est levée pour défendre Brigitte Macron, le doute n'est plus permis sur l'entrisme gauchiste dans certaines structures.

Pour arriver à casser cette spirale de désamour hystérisé, le président avait des outils qu'il a délaissés et même méprisés. Le premier et le plus utile aurait été de mener une véritable opération d'enracinement de son parti politique ; il a pensé que cela ne servirait à rien puisqu'il avait été élu sans armature partisane. Or, aucun président ne s'est maintenu au pouvoir sans un réseau de relais locaux : députés sortants, élus territoriaux, responsables associatifs, cadres partisans. Que s'est-il passé ? Sur cette analyse fallacieuse que les partis étaient rejetés et que la France se transformerait « par le haut », il a été enjoint aux nouveaux parlementaires En marche de camper au Palais-Bourbon au lieu de se constituer des fiefs. Les agents de l'Assemblée étaient consternés de voir encore deux cents types siéger sur les bancs à 2 heures du matin. Quand je suis revenue au gouvernement, je me suis rendue au siège du parti présidentiel : la nullité régnait en maître, des cadres insipides entourant des jeunes proprets « avec Macron » mais pas vraiment avec le peuple. Quand tout ce petit monde s'est réveillé, il était trop tard, l'extrême droite avait recruté l'agent d'assurances, l'infirmière ou le syndicaliste agricole.

## *Tout pour perdre la majorité*

Pire, il a perdu la majorité absolue qui était à portée de main aux élections législatives de 2022. Persuadé que le souffle de sa victoire allait tout emporter, il a traité cette échéance par le mépris. Il faut reconnaître qu'à la fois Jacques Chirac et Lionel Jospin, mais aussi beaucoup d'autres, nous avaient vendu la réforme du passage au quinquennat comme le moyen imparable d'empêcher la cohabitation en collant l'une à l'autre élection présidentielle et élections législatives ! C'est fou comme des êtres intelligents se laissent berlurer par des bobards à la con. Ce vieux renard de Chirac, lui, pas dupe, avait réglé le problème en deux coups de cuillère à pot. 5 mai 2002, second tour de la présidentielle ; le 6 mai, Jean-Pierre Raffarin est nommé Premier ministre et le 7 mai, le secrétaire général adjoint Philippe Bas sort sur le perron de l'Élysée pour annoncer la composition du gouvernement. Enveloppé, c'est pesé. Tout ce joli monde, j'en étais, part en campagne pendant un bon mois pour gagner des législatives où d'ailleurs certains d'entre nous sont eux-mêmes candidats. Aucun temps n'est laissé aux combines des partis et aux ambitions personnelles. On rembobine l'affaire avec Emmanuel Macron : second tour de la présidentielle le 24 avril, nomination d'Élisabeth Borne… le 16 mai, trois semaines après, et annonce de la composition du gouvernement le 20 mai ! Pendant quatre semaines, les complots, les ragots, les médisances ont alimenté les gazettes, donnant l'impression d'un bateau ivre. Quel gâchis, j'en aurais pleuré.

Les loups sont entrés alors dans la République, cauteleux et mignards pour le Rassemblement national, éructants et débraillés pour la Nouvelle Union populaire. La guerre informationnelle a pris une tournure d'une violence inouïe, les médias étaient à la fête, « Priorité au direct » criaient-ils devant les guignolades des Insoumis, l'extrême droite était invitée à la table de la bienséance pendant que l'audiovisuel public se drapait dans les oripeaux de l'antifascisme.

J'ai repensé à la déclaration du grand poète et cinéaste communiste Pier Paolo Pasolini, qu'on ne peut accuser de complaisance avec l'extrême droite : « Il existe aujourd'hui une forme d'antifascisme archéologique qui est en somme un bon prétexte pour se décerner un brevet d'antifascisme réel. Il s'agit d'un antifascisme facile, qui a pour objet et objectif un fascisme archaïque qui n'existe plus et qui n'existera plus jamais. [...] Voilà pourquoi une bonne partie de l'antifascisme d'aujourd'hui ou du moins de ce qu'on appelle antifascisme est soit naïf et stupide soit prétextuel et de mauvaise foi ; en effet elle combat, ou fait semblant de combattre, un phénomène mort et enterré, archéologique. [...] C'est en somme un antifascisme de tout confort et de tout repos. Je suis profondément convaincu que le vrai fascisme est ce que les sociologues ont trop gentiment nommé "la société de consommation", définition qui paraît inoffensive et purement indicative. Il n'en est rien. »

Avec une prescience étonnante, le poète italien nous renvoie aux jouissances et aux égoïsmes qui seuls nous guident aujourd'hui et qui minent vraiment la démocratie. Les mâchoires des monstres nous écraseront et ont écrasé Emmanuel Macron, puisque la destinée des monstres est d'être à leur tour broyés.

Je vous invite maintenant à remonter le temps.

# Les porteurs de valises

Les amis, entrons ensemble dans le vif du sujet. Comment vivent les fauves et les monstres, comment ils subsistent, se reproduisent et succombent. Plus simplement, parlons peu mais parlons fric.

## *De Gaulle et les valises de billets*

Enfant, j'avais vu déjà que sans argent la politique n'est que billevesées. C'était l'époque où les transferts numériques n'existaient pas encore et les financements circulaient dans de fameuses et mystérieuses valises : d'où venait l'argent, comment était-il réparti, personne ne le savait et personne ne se risquait à poser des questions. L'arrivée au pouvoir du général de Gaulle avait fait sortir ses partisans de la quasi-clandestinité qui était leur lot et les législatives de 1958 avaient hissé au rang de notables des gaullistes improbables, à la fureur concentrée des partis qui avaient dominé la IVe République, les socialistes et les centristes du MRP. Les thuriféraires du général de Gaulle se sont évertués à le présenter comme un politique se situant délibérément au-dessus de ces contingences. Cette légende est une vaste calembredaine, et les débuts de la Ve République ont été marqués par une opération massive où tous les coups furent permis pour asseoir la prééminence du nouveau parti présidentiel, l'UNR, l'Union pour la nouvelle République, et mettre à quia ses adversaires tant au niveau des administrations que lors des élections nationales et locales. Pour cela, l'argent ne devait pas manquer et il ne manqua pas. Reconnaissons d'ailleurs qu'il ne manquait pas non plus dans les oppositions, et l'on connaît maintenant et de façon parfaitement documentée les indécents tripatouillages financiers d'un François Mitterrand, malversations poursuivies ensuite inaltérablement par le Parti socialiste.

En Maine-et-Loire, mon opération de déniaisement « fric » se déroula début 1960. Victor Chatenay, élu député gaulliste en 1958 avec comme suppléant Jean Foyer, s'était vu propulsé au Conseil constitutionnel ; Jean Foyer, devenu titulaire, avait été par la suite nommé secrétaire d'État aux Relations avec les États de la Communauté. Beau pataquès laissant vacant le siège de la 1re circonscription de Maine-et-Loire et déclenchant la première élection partielle de l'histoire de la Ve. Les charognards – politiciens ou journalistes – étaient d'accord : cette élection était un sondage grandeur nature qui allait démontrer la montée de l'impopularité du nouveau pouvoir. Au téléphone, le Général avait été clair :

« Narquin, cette élection, il est hors de question de la perdre ! »

Pas question pour mon père de se répandre en jérémiades et en mauvaises excuses.

« Bien entendu… »

Et de Gaulle avait ajouté :

« Le Premier ministre vous enverra le nécessaire. »

Pour compliquer à l'extrême le combat que mon père devait mener, les hiérarques gaullistes locaux avaient vite pris les mauvaises habitudes de leurs prédécesseurs et avaient tout fait pour éliminer le charismatique Diomède Catroux, brillant résistant et ancien ministre dont ils craignaient que son aura ne leur fasse de l'ombre. Les conspirateurs avaient donc choisi pour porter l'étendard gaulliste le maire d'Angers, Jacques Millot, homme remarquable mais plus enclin à gagner l'estime que la sympathie. Vous ajoutez à cela la présence d'un redoutable candidat indépendant spécialiste du « touche-menottes » et qui courait inlassablement les sépultures et les jeux de boules. La victoire était loin d'être gagnée.

### *« C'est pour mes faux frais ! »*

Le « nécessaire » – que nous pourrions qualifier d'« indispensable » – était donc arrivé dans le logement familial avec des valises de pognon convoyées par un certain André Rives-Henrÿs, résistant et homme de confiance de Roger Frey et de Jacques Chaban-Delmas, spécialiste des missions délicates. Il avait, entre autres, sillonné la Polynésie et la Nouvelle-Calédonie entre 1954 et 1958 pour préparer le retour de De Gaulle, et j'adorais quand, par la suite, il me racontait ses aventures ultramarines et les manœuvres qu'il déployait pour empêcher ses accompagnants canaques de boire son eau de toilette et l'essence de son avion. Bref, un véritable condottiere qui fut par la suite condamné pour escroquerie dans le fameux scandale de la Garantie foncière. Mais c'est une autre histoire.

Ce jour-là, Jean Narquin l'avait cueilli à sa descente du train, ma mère avait cuisiné son succulent coq au vin. La table était maintenant débarrassée. Les choses sérieuses pouvaient commencer.

Les biftons étaient soigneusement empilés et mon père s'employait à les recompter, et pas de doute il en manquait. Il leva un sourcil interrogateur vers l'émissaire qui, dans un fauteuil, sirotait paresseusement un vieil armagnac. D'un ton détaché, ce dernier lâcha : « Pour mes faux frais ! »

Ça, pour sûr, les frais étaient faux. Mon père ne se formalisa pas. Il reconduisit Rives-Henrÿs à la gare et mena la campagne législative qui fut victorieuse. Mission accomplie. Ce jour-là, la gamine que j'étais comprit que la politique était peuplée d'un certain nombre d'intermédiaires, mi-aigrefins, mi-hommes de main, mais aussi souvent de véritables héros jouissant de la confiance de leurs commanditaires qui fermaient les yeux sur les rémunérations occultes que certains de leurs affidés s'octroyaient.

Me revient à la mémoire un pèlerinage à Colombey lors de l'anniversaire de la mort du général de Gaulle. J'avais comme camarade de voyage Robert Galley, héros des Français libres, compagnon de la Libération, gendre du maréchal Leclerc. Il avait rejoint de Gaulle à Londres dès juillet 1940 à dix-neuf ans et fait toute la guerre, l'expédition de Dakar, la campagne de Syrie, El-Alamein, la Tripolitaine, le débarquement en Normandie et la campagne d'Allemagne au sein de la 2ᵉ DB – une pure figure de légende. Ingénieur, plusieurs fois député et ministre, il était considéré comme une personnalité majeure de la politique spatiale de la France. Sa réputation méritée de totale intégrité l'avait fait nommer… trésorier du RPR par Jacques Chirac.

Est-ce l'engourdissement du train ou le bourgogne éclusé à l'auberge des Dhuits, le voilà qui se met à me raconter ses heurs et malheurs dans cette fonction à haut risque.

« Un jour que je transportais deux valises de billets… »

Incroyable, pensé-je, voilà mon héros dans un remake des *Tontons flingueurs.*

« … ma voiture tombe en panne. »

Un bon conseil : toujours vérifier l'état du matériel dans ce genre de mission, que ce soient les flingues ou les bagnoles.

« Je mets les pinces. »

Autrement dit les menottes qu'on accroche à la poignée des valises pour ne pas risquer de se les faire arracher.

« Je t'assure que dans le métro… »

C'est pas vrai, il a pris le métro avec les valoches, je rêve !

« … je n'en menais pas large ! »

Pas possible ! Ce type était le meilleur tireur au canon du 501e régiment de chars de combat et il avait la trouille dans le métro avec son oseille. Comme quoi, finalement, c'est peut-être moins dangereux de se déplacer en char pendant la guerre que de circuler dans les transports en commun aux heures de pointe.

J'ai acquis la certitude que tous les partis et toutes les sensibilités ont été impliqués et que ceux qui par la suite ont joué les vierges effarouchées auraient dû vérifier la propreté de leur pantalon avant de monter au mât de cocagne de la morale. Pour reprendre par exemple l'affaire de la Garantie foncière, le bal des hypocrites tourna de façon démente. François Mitterrand dénonça l'« affairisme de la droite », Michel Poniatowski parla dans une formule qui fit florès de la « République des copains et des coquins », à l'extrême gauche et à l'extrême droite, aussi bien *L'Humanité* que *Rivarol* se vautrèrent dans les dénonciations les plus virulentes. Quand on sait ce qu'on sait maintenant, on se dit que tous avaient couché avec la honte depuis un bon bout de temps.

## *Panique à gauche*

C'est ce rapport des ténors de la politique avec l'argent et le rôle substantiel joué par les intermédiaires de tout poil qui m'apparurent crûment bien des années plus tard.

Nous sommes en 1990 et l'industriel nantais René Träger sème la panique dans le monde politique. Ce chef d'entreprise du BTP a financé plusieurs personnalités, un vrai casting ministériel : Laurent Fabius, Jean-Marc Ayrault, Georgina Dufoix, Gérard Longuet, Jacques Chaban-Delmas entre autres – et la liste est affriolante – auraient profité de ses largesses. Il faut dire que jusqu'en 1995 les dons des personnes morales, c'est-à-dire principalement les entreprises, étaient autorisés dans la limite de 50 000 francs. Träger avait trouvé la combine et multipliait les dons aux mêmes personnes par l'intermédiaire de ses nombreuses sociétés, Spie Centre-Ouest, Screg, Cochery-Bourdin, etc., etc. C'est ainsi que plusieurs personnalités reçurent jusqu'à 600 000 francs. Si le parquet de Nantes n'y trouva rien à redire, on ne peut pas en dire autant de la morale.

Alain Juppé, alors ministre du Budget, saisit la justice et le juge Renaud Van Ruymbeke instruisit l'affaire. Comme on dit à Genève, il y avait le feu au lac. En fait, toutes ces vilenies étaient prescrites et, plus tard, en 1998, Träger ne fut condamné que pour « abus de bien social »...

## *« On ne dit rien au chef »*

Dans ce contexte brûlant où l'on peut vite prendre une balle perdue, un ami politique qui faisait à Nantes des affaires avec Träger vient me trouver en me disant que ce dernier souhaite obtenir un rendez-vous auprès de Jacques Chirac car, dit-il, « il a des choses graves à lui révéler concernant un de ses alliés politiques, ancien ministre de son gouvernement durant la cohabitation 1986-1988 ».

Mazette ! Recevoir ce type, certainement pas ; lui obtenir un rendez-vous auprès de Chirac, encore moins. Je dis à mon interlocuteur : « Que Träger te raconte son histoire. Tu me rapporteras ses dires. Je jugerai si je dois en informer Jacques. Ni lui ni toi ne saurez ce que j'ai fait et ne pourrez vous en prévaloir. »

L'histoire qui m'est transmise quelques jours après est effectivement une assez cradingue affaire de pots-de-vin. Les protagonistes en étant majoritairement décédés et les faits prescrits, je n'en dis pas plus ici. Ils ne sont pas là pour se défendre et les actions en justice sont éteintes.

Le mardi suivant, à la sortie du bureau du groupe RPR, je coince mon Chirac dans une encoignure et me mets à lui détailler l'affaire. Il me regarde avec des yeux éberlués et j'ai le sentiment de lui parler en sous-patagon.

Soudain, je sens une main qui me tire violemment en arrière. Bernard Pons, alors président du groupe, n'a pas perdu une miette de notre conversation.

« Jacques, pardon, mais je crois que tu dois partir ! »

Chirac, pressé :

« Oui, oui, Roselyne, on en reparlera de ton histoire… »

Il s'éloigne à grandes enjambées.

Je reçois alors sans doute une des plus violentes algarades de ma vie politique. Bernard Pons éructe :

« Tu es inconsciente ou quoi ? On ne raconte jamais ces histoires au chef ! Le chef, on le protège ! On le protège ! Si tu en as d'autres du même acabit, tu viens m'en parler, je verrai comment traiter l'affaire. »

Je repense aux biftons sur la table de la salle à manger familiale. Elle avait bon dos, parfois, la protection du chef. En tout cas, dans l'affaire Träger, tout le monde en avait croqué, des petits, des gros, des fonctionnaires, des élus locaux, des parlementaires, des ministres, des socialistes, des radicaux, des communistes, des RPR, des PR, des centristes, des indépendants, des membres du Front national. Tous les ténors de la politique et en particulier les candidats élus ou non à la présidence de la République ont pratiqué cette stratégie d'écran en confiant à des porte-flingues les basses œuvres du financement, et d'ailleurs, certains ont cru peut-être de bonne foi à la fable de leur propre intégrité. Ils avaient d'autres chats à fouetter et leurs hommes de main se gardaient bien de les mettre au parfum des financements occultes récoltés puisqu'ils avaient puisé dans la caisse.

Il fallait que tout cela s'arrête, et il faut créditer Michel Rocard, Premier ministre, d'avoir bâti un corpus juridique au travers de plusieurs lois interdisant ou encadrant certaines pratiques mais aussi en reconnaissant le 9 mai 1990 à la tribune de l'Assemblée nationale que « la démocratie a un coût et qu'il faut la financer », instaurant ainsi un financement public des partis. Derrière ces nobles sentiments se tramait aussi – reconnaissons-le – une loi d'amnistie qui m'avait révulsée. C'était purement et simplement de l'autoblanchiment, et je m'en étais ouverte à Bernard Pons, alors président du groupe RPR à l'Assemblée nationale, lui indiquant qu'à ce motif je voterais contre le texte. Il m'avait rassurée en me signalant qu'un amendement exclurait les parlementaires du bénéfice de cette mesure. Michel Rocard avait salué cette volonté d'intégrité du Parlement, ce que lui-même n'avait pas sollicité dans son projet de loi initial.

### *Une amnistie sur mesure*

Que tout cela était beau et bien... En fait, je me suis fait blouser dans les grandes largeurs. Après que le texte d'amnistie fut voté, il fut porté devant le Conseil constitutionnel, présidé par Robert Badinter, qui annula la disposition d'exclusion au motif qu'il y aurait eu rupture d'égalité des citoyens devant la loi. Des ententes secrètes avaient été conclues entre le PS et le RPR dès le départ pour monter cette belle magouille et sauver les apparences. Ce jour-là, je me suis dit que plus jamais je ne me ferais avoir et que je voterais selon mes convictions profondes.

On aurait pu penser que le financement public des partis et les moyens conséquents attribués aux députés et aux sénateurs sous la forme d'indemnités de frais de mandat et d'un budget pour rémunérer des collaborateurs allaient définitivement assainir le marigot. Il n'en fut rien, bien au contraire. Les budgets furent détournés soit pour les dépenses personnelles des intéressés, soit pour le fonctionnement de leur parti. Il est d'ailleurs parfaitement discutable de quémander l'indulgence au motif « qu'il n'y aurait pas eu d'enrichissement personnel », puisque faire financer indûment son parti est un moyen indirect de pérenniser sa carrière et d'en assurer les relais. Les nombreuses affaires judiciaires qui secouèrent le monde politique éclairèrent les manœuvres délictueuses de Jacques Chirac, François Fillon, Jérôme Cahuzac, le Modem ou encore le Rassemblement (ex-Front) national. Entre autres.

J'en avais eu un avant-goût en arrivant à l'Assemblée nationale en 1988. En discutant avec la charismatique secrétaire générale du groupe RPR, Anne Braun, j'avais posé des questions sur les moyens de fonctionnement de la structure. Réponse : « Nous recevons une dotation de la part du secrétariat général de l'Assemblée et chaque député inscrit au groupe doit verser une cotisation mensuelle. Nous demandons aussi aux députés de Paris de nous refiler un ou deux collaborateurs, pour nous et pour la Rue de Lille. » Le 123, rue de Lille était alors le siège du RPR.

« Ils sont d'accord ?

— Tu sais, ils sont tous élus à la mairie de Paris et l'Hôtel de Ville assure leur secrétariat ! C'est bien normal qu'ils participent… Ils et elles n'ont même pas besoin d'avoir une permanence, ce n'est pas comme vous. »

Effectivement, sur les vingt et une circonscriptions parisiennes, treize étaient tenues par des députés RPR, tous élus municipaux. J'ai compris aussi pourquoi mon père m'avait mise en garde : « Quoi qu'on te propose de la mairie de Paris, tu refuses. Cette maison, c'est la caverne d'Ali Baba. Un jour on demandera des comptes à tout ce monde-là... »

Il avait drôlement raison, mais il faut dire que tous les partis à droite et à gauche fonctionnaient de la même façon et ostensiblement. Un député communiste m'avait même expliqué benoîtement que cela assurait une bonne mutualisation du groupe PC et garantissait la discipline en séance. Une variante du stalinisme pour les nuls.

Anne Braun ne se cacha pas derrière les tentures pour me faire en murmurant des révélations crapoteuses. Anne était d'ailleurs une femme remarquable, adorée de ses députés et estimée par l'ensemble des agents du Palais-Bourbon. En discutant à la buvette avec des collègues, je m'aperçus que chacun considérait ces dotations en personnel ou en argent comme des moyens dont il pouvait disposer à sa guise et sans rendre le moindre compte, d'autant qu'aucune réglementation n'avait été élaborée pour fixer des garde-fous et des interdictions, ce qui pouvait à l'extrême limite se comprendre tant les frontières entre une action de représentation parlementaire et des opérations de promotion personnelle sont floues. Petit à petit, ce que le bon sens et la rigueur auraient dû pressentir se mit en route sous l'impulsion d'associations tel Anticor ou même de simples citoyens : la justice s'empara du dossier. Les assemblées commencèrent alors à redresser la barre, à établir des règles de conduite comme la liste des dépenses autorisées ouvrant à remboursement par l'indemnité de frais de mandat, à interdire d'embaucher un parent comme assistant. Comme d'habitude, le balancier revint trop loin, obligeant les députés à des comptabilités paperassières et privant de leur métier des proches qui dans leur immense majorité n'avaient pas compté leurs heures et se retrouvèrent sur le carreau.

Un exemple : l'épouse de Robert Galley, fille du maréchal Leclerc, était l'assistante parlementaire de son mari à l'Assemblée nationale. Toujours arrivée à l'aube, dernière partie le soir, elle vaquait à sa mission sans une minute de pause. Laisser supposer que cette femme discrète relevait d'un emploi fictif est indigne et injuste. Pour achever de terroriser les députés, on leur enleva une minuscule enveloppe budgétaire qui permettait de petits travaux de réfection d'un local communal ou le financement d'une association, et on refila l'enveloppe au préfet. Au chapitre « Comment se tirer une balle dans le slip », l'escadron moralisateur fit très fort. Mais c'était le prix à payer pour se laver du déshonneur.

### *Le bon temps où les chauffeurs attendaient*

Pour ajouter au désespoir, les lois Defferre de 1982 et 1983, à défaut de mener une véritable et opérationnelle décentralisation du pays, avaient réussi à réinstaller d'authentiques potentats locaux, ressuscitant les grands féodaux de l'Ancien Régime. D'ailleurs Gaston Defferre n'était dupe de rien. Un collègue – élu en 1981 – me racontait qu'il avait surpris une conversation à la buvette du Palais-Bourbon entre le Marseillais et Alain Savary, alors ministre de l'Éducation nationale et père des ZEP (zones d'éducation prioritaire). Le débat sur les lois de décentralisation battait son plein et Savary s'alarmait à juste titre des risques pour le fonctionnement de l'État que comportaient de pareils contre-pouvoirs. Gastounet le rassura : « T'inquiète pas ! Ils se disputeront entre eux et pendant ce temps-là ils ne nous emmerderont pas ! »

On a connu Defferre plus clairvoyant, et les craintes d'Alain Savary étaient fondées.

Le cumul des mandats exécutifs locaux avec une fonction parlementaire permettait alors toutes les indélicatesses. Les grands élus venaient siéger au Parlement avec leur voiture de fonction et les jours de questions au gouvernement, la rue de l'Université était encombrée par leurs véhicules, les chauffeurs bavardant sur les trottoirs en attendant leur patron pour les conduire au restaurant ou à leurs rendez-vous plus ou moins liés à leur fonction parlementaire. Certains s'offraient aux frais du contribuable local des bureaux ou une antenne au motif affiché de cultiver une influence parisienne présentée comme indispensable mais en fait totalement factice. La décennie 1980 vit également fleurir les luxueux palais de ces potentats permettant non seulement le fonctionnement administratif et politique de la collectivité mais aussi de traiter les relais locaux et nationaux de façon fastueuse. Le député-chef d'exécutif local se dispensait des frais de permanence et d'assistants en gérant toute sa logistique depuis le siège de la collectivité locale. La multiplication ahurissante des personnels de cabinet permit d'embaucher des conseillers à la solde des ambitions politiques nationales du président de l'exécutif. Les frais de communication, journaux, plaquettes et autres supports participaient activement au concours lancé ironiquement par *Le Canard enchaîné* « Ma binette partout ».

Ce qui est stupéfiant est que personne alors ne trouvait quoi que ce soit à y redire. Le maire d'Angers, conseiller régional, venait avec sa voiture et son chauffeur assister aux séances du conseil régional à Nantes et le président retournait dans sa propriété girondine de la même façon le vendredi soir, cela sous les yeux d'une opposition bienveillante qui attendait sereinement son tour d'en croquer. Même l'élu Lutte ouvrière, celui-là même qui avait refusé de me serrer la main au motif que j'étais un « valet du grand capital », et que déjeuner avec moi « risquait de le contaminer », n'exprima jamais la moindre indignation.

Là encore, le balancier revint trop fort dans l'autre sens. Le cumul est maintenant interdit, mais on constate que trop de députés sont hors sol, loin des affaires de proximité et constituant une Assemblée terne, privée des ténors qui en faisaient l'attrait. Les chefs à plumes de l'opposition ont compris qu'il est beaucoup plus intéressant d'être au chaud dans un palais local où l'on exerce un pouvoir sans partage avec de nombreux privilèges, voitures et chauffeurs, frais de réception, bureaux somptueux, une majorité aux ordres plutôt que d'affronter le pandémonium angoissant et dévalorisant de l'hémicycle du Palais-Bourbon. Ce qui fait le miel de la vie quotidienne – petits équipements de proximité, manifestations culturelles et sportives, dotations aux associations – est entre les mains des élus locaux qui font valoir leur magnanimité clientéliste à des électeurs aux yeux bordés de reconnaissance. Pendant ce temps, l'État modernise l'armée ou mène les négociations internationales, mais de cela tout le monde se fout. On n'inaugure pas un char Leclerc. Tout bénéfice : quand une entreprise s'installe, c'est « Merci monsieur le maire », et quand elle met la clé sous la porte, c'est « Les salopards du gouvernement ne font rien pour nous ». Pourquoi aller au casse-pipe dans ces conditions ?

### *Recette socialiste pour se partager le gâteau*

Mais revenons quelques mois en arrière. Quand Rocard est nommé Premier ministre, il trouve le Parti socialiste dans la tourmente. François Mitterrand a monté après le congrès d'Épinay de 1971 la plus grosse et la plus délictueuse machine à pomper le fric jamais imaginée afin d'assurer le financement de ses campagnes présidentielles. Des bureaux d'études – Urba, Sagès, BLE – furent créés peu après pour majorer de 2 à 4 % le coût des investissements des collectivités locales et surtout des mairies socialistes. Les mairies sont d'ailleurs les lieux où se passe la presque totalité des magouilles financières. Quand en 2012 je participai à la demande de François Hollande avec Lionel Jospin aux travaux sur la rénovation de la vie politique, nous avons relevé que la majorité des grands scandales de la V^e^ République avait été ourdie par des maires qui restent néanmoins les élus chéris des Français. Va comprendre, Charles... Les sommes ponctionnées par le système mitterrandien étaient faramineuses et ainsi réparties : 40 % restaient aux faux facturiers, 30 % au PS national, 30 % au PS local. Toutes ces manœuvres furent révélées et documentées quand l'inspecteur de police Antoine Gaudino découvrit au siège marseillais d'Urba des cahiers d'écolier où le militant socialiste Joseph Delcroix notait scrupuleusement le déroulement des exactions. Ce qui est sidérant dans cette monstrueuse machination est qu'elle était systémique et qu'elle a rendu toute la nomenklatura socialiste complice de cette escroquerie, puisque aucun responsable local ou national ne pouvait ignorer l'origine illicite des fonds collectés. Un tel système ne pouvait rester indéfiniment occulte. La foudre s'apprêtait à tomber sur l'ensemble de l'état-major du PS mais grâce à la loi du 10 juillet 1989, tous les acteurs socialistes de la campagne présidentielle de 1988 échappèrent aux poursuites.

Par la suite, l'instruction continua grâce à l'obstination du juge Thierry Jean-Pierre mais fut empêchée délibérément par le ministre de la Justice Henri Nallet et son ministre délégué Georges Kiejman. Le lampiste de l'affaire fut le trésorier du PS Henri Emmanuelli, ancien président de l'Assemblée nationale, ancien ministre, condamné en 1997 à dix-huit mois de prison avec sursis et deux ans de privation de ses droits civiques, ce qui ne l'empêcha pas de devenir en 2000 président de la commission des finances de l'Assemblée nationale, président du conseil général des Landes, et même, à partir de 2012, président de la commission de surveillance de la Caisse des dépôts et consignations ! À croire que ce genre d'infamie finit, sinon par vous rendre sympathique, du moins par vous donner un certificat d'être « un gars à qui on ne la fait pas » quand on parle gros sous. C'est fou comme les citoyens adorent les voyous.

Cela étant, ce méli-mélo qui confondait indemnités, frais de représentation et avantages en tous genres était aussi un moyen détourné de recruter pour la politique des « gros calibres » qui se voyaient ainsi accorder des rémunérations plus en cohérence avec celles auxquelles ils pouvaient prétendre dans la vie civile. Dans quel secteur un patron qui gère plusieurs dizaines de milliers de salariés et des dizaines de milliards d'euros se voit rémunérer un peu plus de 8 000 euros net mensuels ? Le ministre de la Santé gagne le tiers du directeur de l'Assistance publique-Hôpitaux de Paris et moins de la moitié d'un médecin spécialiste, un grand avocat pénaliste comme Éric Dupond-Moretti a vu ses revenus divisés par trois en devenant garde des Sceaux, Bruno Le Maire est payé moitié moins que le directeur du Trésor placé sous ses ordres, et cette énumération n'est pas exhaustive. Certains directeurs de cabinet sont mieux payés que leur ministre…

## *François Hollande n'en loupe pas une…*

Nous en rajoutons même dans la culpabilité. Au mois de juin 2010, *Le Nouvel Obs* « révèle » que les ministres retraités du Parlement cumulent leur pension et leurs indemnités ministérielles. J'en suis avec neuf autres collègues. Il n'y a là rien de choquant puisque le cumul emploi-retraite est autorisé et que cette pension correspond à des cotisations effectivement versées pendant l'exercice de leur mandat. On va alors aboutir à un pataquès incroyable : François Fillon, dans un rôle à contre-emploi quand on connaît la suite, s'érige en père-la-morale et nous somme de renoncer volontairement à un droit légitimement acquis, bien avant que le règlement de l'Assemblée nationale ne revienne pour la deuxième couche et ne supprime automatiquement la retraite parlementaire des ministres pendant la durée de leurs fonctions, alors que ceux qui touchent une retraite du privé échappent évidemment au coup de ceinture. Tiens, au fait, cela ne mériterait-il pas une action devant le Conseil constitutionnel pour une regrettable rupture d'égalité ?

François Hollande – qui décidément n'en loupe pas une – a, en 2013, réduit de 30 % les indemnités des ministres et même la sienne ! Croyez-vous qu'on lui en a su gré ? Que nenni, messeigneurs ! Quand on tombe dans la démagogie, on n'en fait jamais assez et cela alimente même le soupçon. Certains excités du bocal dans les manifestations des Gilets jaunes ont même proposé de payer les ministres et les parlementaires au Smic. Mais comment donc ! Pourquoi pas être simplement employé au pair, un sandwich et un lit pliant, ça devrait suffire… Tout cela pour travailler cent heures par semaine quasiment sans week-ends et sans vacances, vieillir de dix ans en dix mois, se faire cracher à la gueule, voir ses enfants maltraités

– comme mon fils, battu par un instituteur communiste qui pensait régler ses comptes en agressant un gamin de huit ans –, vos proches mis en cause, pour finalement être viré du jour au lendemain sans indemnités comme une bonne qui a volé l'argenterie. J'ai hâte de voir la gueule d'un futur gouvernement constitué sur de tels critères. Il ne s'agit pas de défendre rapines obscures et malversations scabreuses, mais bien de ne pas s'étonner d'avoir de plus en plus de médiocres glapissants et de jaloux amers dans la vie publique. D'autant que la qualité d'« ancien ministre » ou d'« ancien député », qui fut longtemps la garantie d'un recasage juteux – au motif d'un intéressant carnet d'adresses et d'une connaissance affermie de la machinerie administrative –, constitue aujourd'hui un véritable boulet tant la rupture est consommée entre les élus et l'opinion publique.

Pour parfaire ce qu'Audiard surnommerait un « piège à cons », la Haute Autorité pour la transparence de la vie publique (HATVP) vous interdit quasiment de reprendre pendant trois ans une activité professionnelle dans le secteur où vous avez exercé vos compétences. Pendant que nous répétions *Les Monologues du vagin*, Myriam El Khomri m'a raconté les incroyables avanies subies pour retrouver un emploi au motif qu'elle avait été ministre du Travail ! Quand, à la fin de mes fonctions de ministre de la Culture, le président de la HATVP Didier Migaud m'annonça que je n'étais pas autorisée à reprendre mon émission hebdomadaire sur France Musique au motif qu'il y aurait conflit d'intérêts puisque j'avais exercé la tutelle sur l'audiovisuel public, j'ai cru à une blague : « Monsieur le président, je ne déambulerai pas dans les couloirs à la recherche du directeur de France Musique… Par ailleurs, les cachets sont parfaitement réglementés et je ne vais pas réclamer d'augmentation ! »

Au passage, quand le directeur de la station Marc Voinchet m'avait demandé cette prestation en 2015, j'avais proposé de l'exercer bénévolement. Il m'avait été rétorqué que ce serait du travail dissimulé, ouvrant ainsi la porte à tous les excès esclavagistes, et que les syndicats exigeaient ma rémunération. Merci la CGT ! Au nombre d'heures de travail, c'était moins de la moitié du Smic, mais j'avais le sentiment d'être devenue une « grande ».

Le président Migaud m'expliqua qu'il ne faisait qu'assurer ma protection. Il avait sans doute raison.

La bonne soupe n'est au mieux qu'un brouet clair quand elle n'est pas un bouillon de onze heures. À ce potage, les monstres se verront couper les ailes qui les rendaient désirables et donc supportables pour n'être que des monstricules détestables. Les grands prédateurs éviteront comme la peste les magouilles à deux balles qui resteront à la disposition des politiciens minables et camperont dans le monde des influenceurs et des escrocs de tout poil.

## *Piquer l'argent des résistants afghans*

Mais revenons à nos monstres petits et grands. À côté de ces manœuvriers d'envergure sévissaient toutes sortes de julots casse-croûte dérisoires, tel ce vieux briscard de la politique qui participait avec moi à un groupe d'études sur l'Afghanistan. Nous avions décidé de collecter des fonds pour offrir des prothèses et des fauteuils roulants à des Afghans blessés par les mines antipersonnel, et cet aimable collègue s'était proposé comme trésorier de cette affaire pour que l'argent ne transite pas par un compte officiel du Parlement, ce qui aurait rendu le versement des fonds aux associations quasiment impossible.

Très embêté, le fonctionnaire de l'Assemblée nationale qui nous avait été affecté vient me trouver avec des airs de conspirateur :

« Je ne veux pas porter des accusations, mais voilà… C'est au sujet de la cagnotte pour les blessés afghans…

— Il y a un problème ?

— Ouiiii, en fait, nos correspondants sur place ont bien acheté le matériel, mais ils ne peuvent se faire rembourser par monsieur le député X.

— Ça alors, vous n'avez qu'à lui en parler !

— C'est que… je n'ose pas et j'ai pensé…

— … à moi pour la corvée. Trop aimable ! »

Effectuer ce genre de démarche auprès d'un type qui a bien vingt ans de plus que moi, c'est vraiment mission impossible.

Tout à coup, une idée géniale surgit dans mes neurones. Mon ami et collègue au conseil régional des Pays de la Loire Philippe Mestre vient d'être nommé ministre des Anciens Combattants dans le gouvernement d'Édouard Balladur. Grand commis de l'État, ancien directeur de cabinet de Raymond Barre, c'est précisément l'homme capable du doigté diplomatique nécessaire.

Macache. Philippe m'éconduit froidement.

« Roselyne, ce que vous me demandez m'est impossible. »

Devant mon air interloqué, il ajoute :

« La dernière fois que j'ai effectué ce genre de démarche, c'est à la demande du Premier ministre Raymond Barre auprès de Robert Boulin. »

Un fantôme surgit. Robert Boulin, ministre du Travail et de la Participation, un ami, un homme dont mon père partageait les engagements de « gaulliste social », emporté par un de ces faux scandales qui brisent les hommes politiques plus sûrement qu'une lame. Le 30 octobre 1979, son corps a été retrouvé dans un étang au cœur de la forêt de Rambouillet et une enquête menée par-dessus la jambe a conclu au suicide du ministre. Pour beaucoup toutefois – et les enquêtes ultérieures iront dans ce sens – il a été assassiné par des nervis employés par une officine obscure.

Mais pour Philippe Mestre, la version officielle est la bonne et le suicide ne fait aucun doute :

« Devant le scandale qui enflait dans la presse, le Premier ministre m'avait alors demandé de convoquer Robert Boulin pour lui demander sa démission et quelques heures après, il se suicidait. Toute ma vie, je me reprocherai de n'avoir pas su trouver les mots et l'attitude qui l'auraient retenu d'en venir à cette extrémité. Je me sens coupable de tout cela. Aussi ne me demandez pas une telle démarche… »

Et il me pousse vers la porte.

J'ai relu tous les papiers relatifs à l'enquête sur la mort du ministre et n'ai retrouvé nulle part trace de cet entretien. Mais je doute qu'un homme comme Philippe Mestre ait inventé un truc aussi énorme pour se débarrasser d'une simple corvée. En tout cas, je me suis chargée de récupérer les fonds pour les Afghans et mon prévaricateur à la mie de pain ne s'est pas suicidé !

Je ne m'attarderai pas trop sur les fameux « fonds spéciaux » qui faisaient circuler des sommes considérables entre les mains des ministres. Cet argent n'était pas occulte et était même voté par le Parlement. Avant leur suppression par Lionel Jospin, cela représentait en 2001 une ligne budgétaire de 60 millions d'euros dans la loi de finances. Si 35 millions étaient affectés aux services secrets, ce qui est parfaitement légitime – on ne va pas demander à un fixeur ou à un informateur clandestin de fournir une facture –, presque 8 millions étaient destinés aux fameuses « primes de cabinet » que les ministres répartissaient à leur main entre leurs collaborateurs, certains ministres prévaricateurs bien connus dans l'administration se gardant la totalité de l'enveloppe. Une troisième ligne de plus de 16 millions d'euros était destinée à des « dépenses particulières » et en fait finançait les partis politiques au pouvoir. Un Premier ministre m'a assuré avoir ainsi acheté la fidélité d'un allié politique en lui payant une voiture... On dit que l'argent n'a pas d'odeur, en l'occurrence il avait de forts relents d'essence. Cela étant, on est estomaqué de voir certaines stars de la politique dont les filouteries sont parfaitement documentées bénéficier d'une bienveillance indécente de la part de certains médias prompts par ailleurs à dresser des piloris pour la moindre incartade d'un député de droite.

## *L'argent de Saddam Hussein*

À ce point de mon propos je devine, cher lecteur, que vous me prenez pour une naïve et que vous pensez : « Mais, Roselyne, tu sais bien que le fric vient maintenant d'ailleurs, les Russes, les Émirats, les réseaux africains... et *tutti quanti*, même les Américains. »

Vous ne croyez pas si bien dire ! Je me suis trouvée au cœur d'une rocambolesque histoire de prétendus fonds secrets lors de la campagne présidentielle de Jacques Chirac en 2002. La permanence de campagne était située dans un établissement spécialisé dans les réceptions, le Tapis rouge, en face de la mairie du X<sup>e</sup> arrondissement. Un des passages obligés de cet exercice est de voir arriver au siège de campagne toutes sortes de mabouls qui se font fort de supprimer le chômage, le déficit de la Sécurité sociale et d'apprendre à lire et à écrire à tous les Français. Nous étions quelques-uns autour du directeur de campagne Antoine Rufenacht à avoir été désignés pour écouter ces givrés en hochant la tête et en tentant de ne pas rire. Pour ce faire, au rez-de-chaussée de la permanence, des boxes avaient été ménagés qui permettaient une très relative confidentialité.

En cet après-midi pluvieux, j'étais de service et je vois arriver un type à l'aspect peu engageant, tout droit sorti d'un film d'espionnage de série B, grosses moustaches à la syrienne, richelieus bicolores et costume à rayures craies.

« Bonjour, madame la porte-parole de monsieur le président de la République. Je viens vous apporter les salutations de monsieur le président Saddam Hussein et vous transmettre ses sentiments d'amitié pour le peuple français et ses vœux pour la réélection de M. Jacques Chirac. »

J'essaie de garder mon sérieux. Si un type vient tenir des propos aussi solennels dans un cadre aussi improbable, c'est forcément qu'il a un pète au casque. Ça s'aggrave :

« Le président Saddam Hussein souhaite participer au financement de la campagne et envisage un don de 40 millions d'euros. »

Nom d'un chien, 40 millions, rien que ça ! Tout cela est soit – et c'est le plus probable – l'œuvre d'un cinglé, soit, ce que l'on ne peut exclure, une provocation pour nous pousser à la faute.

Une idée saugrenue me traverse alors l'esprit et je suis à deux doigts de lui demander s'il a pensé à prélever ses honoraires. La conversation va continuer benoîtement en remerciant mon interlocuteur de ses généreuses propositions et en l'assurant que je les transmettrai « en haut lieu ». Je pousse le gars vers le trottoir de la rue Saint-Martin et ne fais même pas de fiche d'entretien tant tout cela me semble risible et dénué de la moindre crédibilité.

Quelques mois après, en mars 2003, les Américains envahissent l'Irak et en décembre découvrent le dictateur caché dans un réduit souterrain près de Tikrit. Il est alors livré par les Américains aux autorités irakiennes et pendu le 30 décembre 2006. Les Américains ont envahi ce pays en vendant à l'opinion publique internationale la fable de l'existence d'armes de destruction massive (ADM). Pour étayer cette thèse, ils fouillent le pays de fond en comble et ne découvrent aucune ADM mais dans une cachette… une fiche d'entretien, celui que j'ai eu au Tapis rouge avec ce que je pensais être un figurant d'*OSS 117 : Bagdad ne répond plus*. Eh oui, le type a consigné point par point notre conversation et la note – c'est le plus important – ne contenait aucun élément accréditant que de l'argent avait effectivement été versé. Il a dû terminer sa mission en éclusant des martinis au bar du Ritz et en recrutant des call-girls pour finir ses soirées.

Je ne sais comment le journal britannique *The Guardian* s'était procuré la note, mais cela me valut un article insensé où j'étais présentée comme une dangereuse Mata Hari… et une convocation du Sénat américain me sommant de venir m'expliquer ! Rien que ça… Ayant pris l'attache de Pierre Vimont – celui-là même qui a inspiré le personnage joué par Niels Arestrup dans le film de Bertrand Tavernier *Quai d'Orsay* –, alors directeur de cabinet du ministre des Affaires étrangères Michel Barnier, j'ai suivi ses précieux conseils et j'ai envoyé paître les Anglais et les Américains et me suis même payé le luxe de dire merde à Donald Rumsfeld publiquement au micro de Jean-Pierre Elkabbach. Sûre que cela n'a pas fait avancer la paix dans le monde mais cela a fait drôlement du bien.

Clemenceau disait de la politique que c'était comme pour l'andouillette, il fallait que ça sente la merde mais pas trop. Tout au long de mon demi-siècle d'aventures politiques, j'ai vécu les histoires d'argent entre fascination et écœurement. Je ne sais si les monstres sont aujourd'hui moins avides, mais ils sont étroitement surveillés et même fliqués. Il n'y a pas si longtemps un ministre pouvait emporter les fauteuils signés Jacob de son bureau sans même s'exposer à un entrefilet dans *Le Canard enchaîné*, une autre partir avec le service de table en porcelaine de Limoges du ministère au motif que c'était elle qui l'avait commandé, une troisième organiser les dîners d'affaires de son mari à leur domicile avec le personnel et les victuailles du ministère, d'autres encore ne se gênaient pas pour piller les fonds spéciaux, user d'emplois fictifs, tenir table ouverte pour les copains, utiliser une voiture de fonction pour emmener leurs enfants à l'école. On ne compte plus les tableaux et les meubles « envolés » de l'Assemblée nationale, emportés par des députés ou des fonctionnaires indélicats. Un agent de la questure m'avait indiqué que, au moment de la rentrée scolaire, les demandes de fournitures flambaient : visiblement les élus avaient trouvé la bonne gâche pour regarnir les cartables de leur progéniture. Aujourd'hui, la simple dégustation d'un homard ruine une carrière.

## *Le procès de mon ami Fillon*

J'ai regardé les procès de mon ami François Fillon avec incrédulité et stupéfaction. Comment avais-je pu passer à côté de ces dérives alors que tout paraissait si transparent, sans aucun luxe, sans aucune démarche de frime ? Une vie de famille simple, une épouse habillée en campagnarde, une maison appelée pompeusement « château » dans un trou perdu de la Sarthe, moins chère qu'un appartement de 50 mètres carrés n'importe où dans Paris, des vacances en Pays basque dans une maison familiale trop petite pour les nombreux cousins de la tribu Fillon, des parents épatants menant leur vie et leur famille avec droiture. J'imagine aujourd'hui leur incompréhension. Un jour de tourmente, François me racontait le trauma vécu par son dernier fils Arnaud, alors âgé de quinze ans, quand éclata le scandale et me confiait sa quasi-impossibilité de le surmonter : « Il pensait que je serais président de la République… »

Comment Penelope Fillon a-t-elle pu faire cette déclaration insensée au micro d'une télévision anglaise assurant qu'elle ne s'occupait en aucune façon des affaires politiques de son mari si elle était au courant de ce montage d'emploi fictif – maintenant établi – la concernant ? Même si, comme l'a soutenu son mari, cet emploi était réel, pourquoi dire le contraire et lui tirer ainsi une balle entre les deux yeux ? Comment a-t-il pu imposer à son suppléant devenu député de consacrer à la seule Penelope l'intégralité de l'enveloppe destinée à payer des assistants ? Il a entraîné ce pauvre type dans sa chute et donc dans le déshonneur, et cela est sans doute le pire. Comment justifier d'employer sa fille en lui demandant de lui rétrocéder les salaires versés en remboursement des frais de la réception du mariage de celle-ci ? Il n'y a qu'une explication possible : la politique fait de vous un monstre, elle vous mène sur les chemins noirs de la dissimulation et de la perte des plus solides repères familiaux, pire elle entraîne vos proches dans l'isolement d'une impunité qui vous, qui leur est due.

Le sentiment de puissance, la croyance en votre destin, la flatterie des courtisans vous empoisonnent. Être député et conseiller général à vingt-six ans, ministre à trente et un ans, collectionner tous les postes de la République de maire de Sablé à Premier ministre pendant plus de trente ans vous font penser que vous pouvez vous affranchir des règles de la simple décence. On peut regretter le zapping qui sévit dans le monde politique, la brièveté des carrières, l'interdiction du cumul des mandats. Mais si finalement c'était la meilleure méthode pour empêcher le poison du pouvoir de tout gangrener ? Savoir qu'on n'est que de passage, que la roche Tarpéienne est bien près du Capitole et que tel Cincinnatus mieux vaut retourner à sa charrue… Je dois beaucoup à mon père, mais le conseil le plus précieux qu'il m'ait donné est bien celui prononcé à la porte du bureau 7463 qui serait le mien à l'Assemblée nationale : « Rappelle-toi que tu n'es ici que de passage, tu dois quitter ce bureau chaque soir comme si tu ne devais jamais y revenir. Surtout, pas un bibelot, pas un objet personnel. Pratique l'ascèse de l'adieu. C'est la seule façon de survivre dans cet enfer. »

Emmanuel Macron a bien de la chance de ne pouvoir se représenter en 2027. C'est un vrai cadeau que le destin lui fait : je lui souhaite de bien en profiter. Imaginez qu'il pourrait être réélu !

### *La loi rend les monstres moins monstrueux*

À tout prendre, la loi et les règlements ont rendu les monstres un peu moins monstrueux, mais ce qui est terrible est qu'on ne leur en sait aucun gré et qu'il n'y a aucun processus de réconciliation entre les élus et l'opinion publique. Tout ça pour ça. Caramba, encore raté ! Pire, les citoyens sont d'une ambivalence redoutable et campent continûment dans les permanences des élus pour réclamer passe-droits indus, subventions de grâce et de faveur, soustraction à des obligations impératives, attribution d'un logement social. Au bon vieux temps du service militaire, les demandes d'exemption remplissaient les bureaux des députés. Je vis un jour débouler dans mon bureau un ingénieur informaticien venu me demander une intervention pour que sa fille soit reçue à sa première année de pharmacie. Interloquée, je lui indiquai qu'il s'agissait d'un concours à numerus clausus et qu'aucune intervention ne pouvait changer l'ordre d'admission.

Goguenard et incrédule, il me lança : « Comment ça ? Et vous alors, comment vous l'avez eu ? »

Malhonnête, vous êtes un homme d'influence, honnête, un imbécile sans entregent. Il n'est que de voir l'aura qui entoure encore à Nice la mémoire de son ancien maire Jacques Médecin. Celui-ci avait mis au point un système d'associations paramunicipales pour lequel il fut multicondamné. Ces opérations clientélistes étaient largement soutenues par toutes sortes de citoyens qui y voyaient un moyen de régler les problèmes du quotidien sans dossier compliqué, sans justificatifs, simplement en étant dans les réseaux militants ou amicaux d'un élu. Condamné en 1996 à un an de prison avec sursis et cinq ans d'inéligibilité pour faux témoignage et subornation de témoin, dans l'affaire du match truqué VA-OM, le socialiste Jacques Mellick fut contraint de démissionner de ses mandats de député et maire de Béthune. Pas rancuniers, les Béthunois le réélurent maire en 2002. Et que dire de Jacques Chirac ! Condamné en 2007 pour abus de confiance, détournement de fonds publics, prise illégale d'intérêts et délit d'ingérence, il resta l'un des hommes politiques les plus populaires chez nos concitoyens.

Maintenant nous allons toucher le fond. Le 19 juin 2024, le Rassemblement national de Marine Le Pen est définitivement condamné par la Cour de cassation pour recel d'abus de bien social. En matière d'escroquerie en bande organisée, c'est du travail d'orfèvre. Mme Le Pen, par l'intermédiaire de son microparti Jeanne, vendait à ses candidats des kits de campagne 16 500 euros. Cette dépense était ensuite remboursée aux candidats dans le cadre du financement de la vie publique. En fait, les kits étaient fournis par la société Riwal du sulfureux Frédéric Chatillon, ami fidèle de la présidente du RN depuis l'université. Accrochez vos ceintures : ancien du GUD, groupuscule réputé pour ses actions violentes, protecteur de négationnistes, copain de Soral et de Dieudonné, supporter du Hezbollah, soutien indéfectible et prestataire de Bachar El Assad et du régime syrien, régulièrement interviewé par la chaîne RT à la solde de Poutine, pour parfaire le tout il est marié à la fille d'un ancien Waffen-SS... Super cerise sur le gâteau, c'est alors que Jordan Bardella, âgé de vingt et un ans, mène une idylle avec Kerridwen Chatillon, la fille dudit Frédéric, qu'il rencontre pour la première fois Marine Le Pen en 2017 au meeting de Brachay et ainsi entame une carrière fulgurante... Au RN, être repéré au bras de la fille Chatillon est le meilleur passeport pour entrer dans le premier cercle de la patronne. On se dit que devant cette saga abominable, les Français vont en rejeter les protagonistes ? Que nenni, messire. Caramba, encore raté : dix jours après la condamnation définitive du RN par la Cour de cassation, le parti engrange un score historique ! C'est vraiment à vous dégoûter d'être honnête. Les Français condamnent, effarouchés, les corrompus et rêvent secrètement d'en croquer...

Les hommes et les femmes ne changent pas, et s'il n'y avait pas de corrupteurs il n'y aurait pas de corrompus. Georges Clemenceau, alors président du Conseil – c'était le titre du Premier ministre avant 1958 –, avait envoyé un de ses collaborateurs s'assurer des votes d'un certain nombre de députés récalcitrants lors d'un scrutin à haut risque. Pour amadouer ceux-ci et acheter leur fidélité, le grouillot avait en main quelques douceurs, décorations, subventions et autres prébendes. Il vint rendre compte de sa mission et dresser le tableau des engagements qu'il avait obtenus. Clemenceau l'interpella :

« Et Untel, que vous a-t-il répondu ?

— Mais monsieur le président, il est honnête !

— Je ne vous demande pas s'il est honnête, tonna le Vendéen, je vous demande combien il vaut ! »

C'est peut-être cela, la différence entre les honnêtes gens et les malhonnêtes : les honnêtes gens sont beaucoup plus chers à pervertir, et pas seulement en politique. Méfiez-vous donc des innombrables donneurs de leçons qui écument les plateaux et les tribunes : ils hurlent souvent pour masquer leurs errements coupables.

# Les chéries et les chéris

Je m'étais toujours demandé pourquoi ma mère appelait le Palais-Bourbon, siège de l'Assemblée nationale, le « Palais-Bordel ». Était-ce à cause des ambiances survoltées qui régnaient dans les travées ou des noms d'oiseaux aimablement échangés entre les protagonistes du grand barnum de la politique ? Que nenni, messeigneurs ! Il s'agissait bien de sexe, et même plus prosaïquement de cul.

## *Le cul n'a pas beaucoup changé*

Reconnaissons toutefois que les mœurs ont un peu évolué depuis mon arrivée en politique. Non point que les gaudrioleux aient décidé d'entrer dans les ordres, mais ils savent que la publication de toute incartade va recevoir une ébouriffante sanction médiatique sinon judiciaire. Le tableau du gibier ainsi gaulé est impressionnant : de Damien Abad à Joël Guerriau, de Julien

Bayou à Adrien Quatennens, de Jean Lassalle à François Asselineau, de Nicolas Hulot à Taha Bouhafs sans oublier Dominique Strauss-Kahn, voilà des hommes qui, avant le mouvement MeToo, seraient passés sans la moindre difficulté à travers les mailles du filet de la mise au pilori – pire, qui auraient conforté leur réputation de séducteurs et dont les victimes auraient été ostracisées comme des affabulatrices ou des coincées.

Cependant la puissance de l'omerta résiste. La députée Renaissance Caroline Janvier dénonce sur le site *Paris Match* le 29 novembre 2023 les « comportements déviants » en politique et tout spécialement à l'Assemblée nationale. Une autre, sous couvert d'anonymat, confirme : « À l'issue de séances dans l'Hémicycle, à 3 heures du matin, des collègues sont venus me voir pour me proposer d'aller dans des soirées aux thématiques clairement affichées : drogue et sexe. » Pauvre Caroline Janvier ! Devant la pluie de SMS accusateurs de la part de ses collègues, elle se voit contrainte de présenter des excuses devant son groupe parlementaire le mardi 5 décembre suivant. Il n'a fallu que quelques jours pour l'humilier et l'ostraciser. Elle annonce qu'elle ne s'exprimera plus sur cette polémique ; je la comprends, mais il faudra qu'elle s'accroche pour rester dans les castings après avoir été contrainte, étant arrivée en troisième position, de se désister lors des dernières législatives. On pense à la chanson de Guy Béart : « Le premier qui dit la vérité / Il doit être exécuté ». Les propos indécents d'un Jack Lang indiquant au sujet de l'affaire Strauss-Kahn qu'il n'y avait pas mort d'homme, d'un Jean-Luc Mélenchon parlant de voyeurisme médiatique au sujet de la condamnation infligée à son dauphin Adrien Quatennens, d'un Emmanuel Macron excusant les propos sexistes orduriers de Gérard Depardieu au motif qu'il faisait honneur à la France, tout cela montre bien que le sexisme *a minima* « d'atmosphère » a encore de mauvais jours devant lui. Les prédateurs sont toujours là, mais ils sont devenus méfiants.

### *Les chasses sexuelles*

Les opérations de chasse sexuelle – qui ne sont pas l'apanage des seuls politiques, élus, ministres, personnels des partis, des groupes ou des cabinets – étaient et sont toujours en effet extraordinairement facilitées par la vie complètement déréglée des protagonistes : emploi du temps haché, constellé de déplacements, séances de nuit, réunions de travail qui se prolongent tardivement, surgissement chaotique d'urgences imprévisibles.

Deux rendez-vous traditionnels sont propices aux cavalcades : les journées parlementaires et les universités d'été des jeunes militants. L'alcool coule à flots et occasionne des dérapages incontrôlés dans une ambiance de salle de garde. Me reviennent en mémoire les journées parlementaires de Nice en 1989. Nous étions invités par le maire de Nice, Jacques Médecin, un grand séducteur et non moins grand prévaricateur. À ma table dînaient également un député européen et une journaliste. Visiblement ça tiltait entre eux et ça fleurait l'appel du sexe à plein nez. Au dessert, nos tourtereaux s'éclipsèrent au motif d'une interview. En sortant du dîner, nous sommes passés devant le cagibi où les deux loulous s'étaient enfermés, et les bruits de leurs ébats nous suivirent jusque dans l'escalier d'honneur de la mairie. On rigola bien.

En général, les conjoints légitimes sont cantonnés en région et bien incapables d'effectuer la moindre vérification. Le téléphone portable ajoute à la confusion puisque au fond d'une chambre d'hôtel, vous pouvez assurer que vous travaillez à votre bureau. Le stress intense de l'exercice lève les inhibitions, le sentiment de puissance autorise toutes les agressions. Le pouvoir se structure à travers des relations asymétriques dont il est difficile de se défaire sauf à perdre son boulot, sa réputation ou ses réseaux. Comme disait ma grand-mère : « C'est l'occasion qui fait le larron. »

Circulent autour des hommes politiques des escadrons de ravissantes créatures – au passage, vous pouvez traduire ce paragraphe au masculin car la drague, Dieu merci, est aussi homosexuelle –, assistantes parlementaires, conseillères, secrétaires, journalistes, qui rêvent de sortir de la grisaille des jours ordinaires en fantasmant sur les « stars » de la vie publique. Ces fonctions sont un puissant aphrodisiaque et certaines se faisaient d'ailleurs un titre de gloire d'annoncer *urbi et orbi* qu'elles et ils avaient eu une liaison avec tel ou tel.

Je suis un jour invitée à déjeuner par une journaliste qui a défrayé la chronique puisqu'elle a été à deux doigts – si j'ose dire – de faire divorcer Chirac et de s'en faire épouser. À peine sommes-nous installées dans un restaurant de la rue du Faubourg-Saint-Honoré que la dame m'annonce pompeusement, comme si elle avait gagné le Goncourt ou le Nobel de chimie : « Vous savez, j'ai été la maîtresse de Jacques Chirac ! »

À dire vrai, ce n'était pas vraiment un exploit. Sauf à ne pas vérifier à l'occasion l'aphorisme qu'il vaut mieux être plusieurs sur un bon (?) coup que tout seul sur un mauvais… Pauvre de moi, cruche bourge de province qui pensait que ces choses se cachaient soigneusement !

Ne m'accusez pas de tenir des propos sexistes en présentant unilatéralement les hommes comme des prédateurs et leurs conquêtes comme des victimes ou des manipulatrices. Quarante ans de fréquentation des lieux de pouvoir m'ont conduite à ce diagnostic imparable, d'autant qu'en ce qui concerne les femmes de responsabilités je n'ai durant toutes ces années jamais rencontré une messaline collectionnant les conquêtes. Bien au contraire, elles sont d'une méfiance et d'une retenue quasiment paranoïaques, même si cela ne veut pas dire qu'il n'y ait pas de belles histoires d'amour ou quelques « coups d'un soir » – mais elles et ils sont plutôt rares. Tout occupée à cumuler les charges du ménage et ses fonctions, la femme politique monte à la tribune en pensant qu'il n'y a plus de yaourts dans le frigo et qu'il faut aller chercher le costume de son compagnon au pressing. La charge mentale est un puissant garde-fou contre les incartades amoureuses. Guère le temps de draguer un collègue… Elle sait aussi que le moindre écart la fera passer pour une fille facile, d'autant que les rumeurs dégueulasses visent surtout les femmes. Quelques mois avant ma première élection, une amie de ma mère lui a lancé : « Les femmes politiques ? Toutes des putes ! »

Ce n'est pas pour rien qu'une prostituée était qualifiée de « femme publique ».

## *Le lavabo s'effondre*

Tout au long de ma carrière, je fis l'objet de ragots odieux m'imputant des mœurs dépravées ou des pratiques douteuses. Pendant la campagne municipale de 1995, mes adversaires firent circuler le bruit que j'avais tourné dans des films pornographiques ! J'aurais certainement dû être flattée que l'on trouve crédible une pareille fable qui faisait se tordre de rire mes copains, mais à la vérité elle me blessait atrocement, elle blessait ma famille et elle perturbait mes colistiers selon le vieil adage qu'il n'y a « pas de fumée sans feu ». J'ai appris par la suite qu'Élisabeth Hubert, qui conduisait une liste à Nantes, était victime des mêmes calomnies puantes et quasiment dans les mêmes termes. Il s'agissait donc bien d'un complot contre les femmes, et quand je discute avec des élues, je constate que rares sont celles qui n'ont pas eu à subir les mêmes avanies.

Dès mon installation dans mon bureau du quatrième étage de l'immeuble Chaban-Delmas au 101 de la rue de l'Université, bureau muni d'un canapé-lit, je me rendis compte que la définition que ma mère donnait de ces locaux était parfaitement justifiée. J'étais la seule femme de l'étage dans l'aile qu'on appelait l'« aile des Alsaciens », réputée pour les litrons de schnaps qui s'y buvaient. Au rang des addictions récurrentes, il n'y avait pas que l'alcool... J'ai vite renoncé à utiliser mon bureau comme chambre d'appoint tant les défilés et les ébats nocturnes étaient bruyants. Parfois, cela ne manquait pas de piquant.

Quelques jours avant les fêtes de Noël, le vote d'une motion de censure m'avait retenue tard dans la soirée et j'étais restée me reposer dans mon bureau pour reprendre le premier train matinal vers ma circonscription. La caractéristique de cette cellule était de disposer d'un minuscule cabinet de toilette avec un petit lavabo, mais sans toilettes. Vers 2 heures du matin, un bruit de conversation et une pressante injonction de la nature interrompent mon sommeil. Les protagonistes sont appuyés contre ma porte, interdisant toute sortie.

Une voix féminine plaintive :

« Tu vas partir… Tu vas retrouver ta femme et tes enfants. »

Sanglots. Je reconnais les intonations d'un collègue, ancien et futur ministre :

« Mais si, je t'aime… On va se revoir bientôt.

— Tu ne te rends pas compte, je vais passer les fêtes toute seule, tu m'auras oubliée.

— Mais non, je te téléphonerai tous les jours… »

Les sanglots redoublent. Cette fois, j'identifie une assistante parlementaire. La conversation s'éternise, je n'en peux plus. Je décide de tirer une chaise dans le cabinet de toilette et de chevaucher le lavabo. Sous mon poids, celui-ci se descelle dans un bruit de bombe, chassant mes amoureux et me permettant de gagner les toilettes. À l'aube, il me fallut expliquer à un huissier soupçonneux qu'un besoin irrépressible de me laver les pieds s'était déclaré dans la nuit et que j'avais glissé et cassé le lavabo. Le brave homme feignit de croire à mes bobards. Ouf !

Le vaudeville pouvait aussi le céder à la tragédie quand un député voisin de mon bureau – incapable d'encaisser une défaite électorale – assassina son attachée parlementaire et mit fin à ses jours, ce suicide entraînant par la suite celui de son épouse.

Ce qui est le plus irritant est bien que pendant des décennies nombre de politiciens aient mené cette double vie non pas pour des raisons morales mais pour conserver leur potentiel électoral.

## *Les premières dames*

Faisons un rapide palmarès des huit présidents de la V^e^ République. D'abord les fidèles « à la vie à la mort », Charles de Gaulle, Georges Pompidou et Emmanuel Macron, ensuite les cavaleurs, trois également, François Mitterrand, Valéry Giscard d'Estaing et Jacques Chirac, enfin les accidentés de l'amour, Nicolas Sarkozy et François Hollande.

Les mœurs des fidèles n'intéressent personne, sauf à raconter des salades, comme l'ont fait les pervers qui ont diffusé des photos truquées sur Claude Pompidou, ou les complotistes, auteurs d'ignominieuses insinuations sur Brigitte Macron accusée d'être transgenre. À tout le moins, cela montre le voyeurisme d'une opinion publique qui réclame sa ration d'indiscrétions sur la sexualité de ses dirigeants et, à défaut d'en trouver de vraies, avale les plus dégueulassement inventées.

Dans cette catégorie des fidèles « à la vie à la mort », il est évident que les Macron occupent une place à part. Pour les avoir vus et observés, n'en déplaise aux malveillants et aux complotistes, il s'agit d'un vrai couple attaché par des liens sensuels et intellectuels. Une amie commune qui les recevait en week-end avait préparé deux chambres. Macron éructa : « Qu'est-ce que c'est que ce truc ? Moi, je dors avec ma petite femme ! »

Brigitte Macron n'est pas une conseillère tous azimuts qui se mêle de tout. Elle a « un domaine réservé » sur la culture et l'éducation où elle estime avoir une valeur ajoutée, et elle en joue en particulier sur les nominations. La question posée se résume facilement : participe-t-elle et est-elle utile au fonctionnement de l'équipée présidentielle ? Au cours du premier mandat, certainement, et je l'ai vue « avoiner » le président avec ce qu'on peut appeler un gros bon sens en le ramenant aux réalités. Au cours de son second mandat, quand tout s'est mis à bringuebaler, je crains que son influence n'ait été trop sectorielle et que le dérèglement n'ait été trop important pour qu'elle puisse y remédier avec ses petits bras musclés.

Dans la catégorie des cavaleurs, le champion est bien François Mitterrand qui, dans son fief de la Nièvre, collectionna les conquêtes villageoises, ce qui entraîna des aventures parfois comiques, comme cette nuit où, profitant de l'absence d'un boucher qui conduisait ses bêtes par le train à la Villette, il vint honorer son épouse avec ardeur. Pas de chance, grève de la SNCF ; les cheminots n'imaginent jamais assez les risques qu'ils font courir aux harmonies conjugales. Quand le pas lourd du cocu se fit entendre dans l'escalier, le futur président de la République trouva son salut en sautant du premier étage. Las, il tomba sur une marquise (une verrière, pas une dame) et se retrouva balafré et sanguinolent. L'affaire fit grand bruit au propre et au figuré au chef-lieu du canton où se déroulait le lendemain une foire aux bestiaux. Toute honte bue, le futur premier président socialiste de la V$^{e}$ République arpenta le champ de foire protégé par de larges lunettes noires.

Il ne dédaigna pas non plus les liaisons plus parisiennes, et l'Oscar de l'hypocrisie lui revient, à lui qui entretint un double ménage aux frais du contribuable. Quant à son épouse, Danielle Gouze, elle mena sa propre vie personnelle et militante, tout en assurant le service minimum de « première dame ». Cette séparation discrète et non acrimonieuse lui permit d'accepter avec beaucoup d'élégance et de dignité la présence de la maîtresse et de la fille illégitime de son mari aux obsèques de ce dernier devant une opinion publique internationale éberluée.

### *Un bon chien ne pisse jamais dans sa niche*

Valéry Giscard d'Estaing mena une vie de séducteur « grand genre », et on ne compte plus ses relations adultères réelles ou supposées avec de belles actrices et même une parente de sa femme. C'est cette dernière qui aurait été à ses côtés – et non Marlène Jobert, comme on l'a assuré sur les boulevards à ragots – quand il percuta à l'aube une camionnette de livraison de lait. Pire, l'ex-empereur de Centrafrique Jean-Bedel Bokassa l'accusa même de lui avoir piqué sa femme, l'« impératrice » Catherine, et ajoutait, le pauvre homme : « J'ai des preuves ! »

C'est peut-être pour cela que les diamants qu'il lui a offerts n'étaient vraiment pas de première qualité et qu'il n'y avait pas de raison d'en faire une pareille histoire !

Valéry Giscard d'Estaing ne suivait pas les conseils que j'ai donnés par la suite à des députés fraîchement élus : « Jamais dans la paroisse. »

Consigne que Chirac traduisait avec sa truculence habituelle : « Un bon chien ne pisse jamais dans sa niche. »

VGE n'a pas renoncé pour autant à mettre en scène son couple mi-bourge mi-aristo, et certaines séquences sont d'un comique d'anthologie, telle la mythique émission de vœux aux Français avec une pauvre Anne-Aymone tellement coincée qu'elle semblait avoir avalé un parapluie. Repassez-vous l'épisode de 1975 avec les préparatifs de l'enregistrement, je vous garantis que Michel Audiard n'aurait pas fait mieux. Dans la série du compliment qui tue, lors d'un discours tenu à Verdun-sur-le-Doubs, il se tourna vers elle et déclara : « Quand je parle de dignité et de qualité, c'est à vous, madame, que je pense. »

On imagine la tête de Robert et Raymonde Bidochon devant leur télé en découvrant qu'un homme pouvait ainsi parler à son épouse. Cela valut à Mme Giscard d'Estaing de se voir attribuer par *Le Canard enchaîné* le sobriquet de « Madame DQ », qualificatif qui la poursuivit tout au long de sa vie officielle. Elle est l'image même de l'épouse sacrificielle, dévouée à sa famille et aux causes humanitaires. Quant à son mari, jusqu'à la fin, il fut fidèle à sa réputation. Je l'ai vu, à plus de quatre-vingt-dix ans, dans un dîner où il était encadré par Irina Bokova, directrice générale de l'Unesco, et une sémillante ambassadrice d'Europe de l'Est, faire une cour effrénée et tactile à ses deux voisines qui roulaient des yeux comme des lapins pris dans les phares.

## *Chirac, un enjambeur peu regardant*

Ce qui était curieux avec ce monstre qu'était Chirac est bien le paradoxe d'un enjambeur peu regardant sur la qualité de ses conquêtes hétéroclites et la véritable admiration qu'il portait à sa femme Bernadette, admiration qu'on pourrait même qualifier de « dépendance » tant il avait besoin de requérir son avis plusieurs fois par jour. Conquêtes hétéroclites, bien faciles pour un homme d'une réelle beauté physique et surtout rapides, qui valurent donc au Corrézien le surnom de « Cinq minutes, douche comprise », ou d'« Atchoum », même si l'une d'elles a tenu à rectifier : « C'était plutôt dix minutes. » Pas terrible quand même…

Ce qui m'a frappée toutefois était chez lui l'absence de tout geste inapproprié : pas de main aux fesses ou de baiser qui glisse au coin des lèvres. Ce séducteur était d'une méfiance de serpent et on ne l'a jamais trouvé en posture scabreuse, sauf peut-être aux journées parlementaires de 1982 à La Grande-Motte (!), où sa partenaire d'un soir s'ébattit de façon un peu trop bruyante. C'est la seule faute commise en quarante ans de carrière. Il m'a été rapporté par un informateur digne de foi qu'il pratiquait l'approche par émissaire interposé, une mesure prudentielle terriblement efficace qui lui évitait d'une part les humiliations d'un refus et d'autre part les plaintes en harcèlement. Le même informateur m'a assuré que Bernard Pons était préposé à cette tâche qui exigeait une discrétion à toute épreuve et qui avait l'avantage de lui donner barre sur Chirac…

En tout cas, Bernadette Chirac a elle-même confirmé dans *Conversation*, le livre d'entretiens qu'elle a réalisé avec Patrick de Carolis : autour de lui, « les femmes, ça cavalait », et la garçonnière dont son collaborateur Daniel Le Conte a révélé l'adresse au 241, boulevard Saint-Germain abritait les rendez-vous clandestins. Avis aux amateurs de pèlerinage. Toutefois, même les cavaleurs sans foi ni loi peuvent être touchés par la flèche de Cupidon : il est bien documenté que notre bourreau des cœurs aurait été sur le point de divorcer pour une sémillante journaliste. C'est sa conseillère Marie-France Garaud qui dissuada les tourtereaux au motif que cela coûterait à Chirac sa carrière politique et pour mieux faire pression sur la malheureuse lui proposa 500 000 francs pour qu'elle renonce à lui. Garaud le fit-elle par souci électoraliste ou la froide éminence grise était-elle dévorée par la jalousie ? Sans doute les deux, mais on ne le saura jamais. L'abandonnée accepta l'argent, mais quelques jours après, elle commit une tentative de suicide. Marie Mancini, reprenant Racine dans *Bérénice*, avait lancé à Louis XIV : « Vous m'aimez, vous êtes roi, vous pleurez et je pars. »

Les monstres dévorent leurs amours même les plus enflammées tant le pouvoir les consume eux-mêmes.

### *La passion qui consumait vraiment Bernadette*

En juin 1999, Bill et Hillary Clinton sont en visite en France. Hillary a demandé de rencontrer quatre femmes remarquables pour discuter politique et, inutile de sourire, j'en suis… La *First Lady* est habillée à 10 heures du matin en total look satin bleu canard y compris les chaussures, et je me souviens encore de la réponse qu'elle m'a faite quand je lui ai demandé quel conseil elle donnait aux femmes qui sont en représentation politique : « *Never a handbag!* Jamais de sac à main. Les hommes ont les mains libres pour saluer, embrasser, toucher et nous, nous sommes encombrées et finalement empêchées. *Never a handbag! Never!* », martèle-t-elle.

Notre conversation est suivie d'un déjeuner à l'Élysée. Jacques Chirac fait – en anglais de cuisine – comme à son habitude une cour empressée à l'Américaine, lui laissant croire qu'elle est la seule femme au monde. En face, Bernadette est entourée par l'ambassadeur Felix Rohatyn à sa droite, moi-même à la droite de Felix et Jean-Marie Cavada à sa gauche. Je ne perds rien de la *commedia dell'arte* qui se joue. Alors que Jacques continue *mezza voce* sa drague, Bernadette, en parfaite maîtresse de maison, comme si elle regardait un échange à Roland-Garros, cause alternativement avec ses deux voisins. Tout à coup, Chirac cherche un mot et sa femme, impavide, lui lance le mot recherché. Malgré la largeur de la table et feignant l'indifférence, elle n'a pas perdu une miette de la conversation. Elle signifie à son homme : « Si vous vous imaginez, mon coco, que je ne vois pas vos ridicules et niaises coquetteries… Ne me prenez pas pour une cruche… »

C'est précisément à ce moment-là que je vis la passion qui dévorait cette femme réfrigérante et hautaine.

Dans ma galerie de portraits masculins, ce sont les femmes qui sont les plus fascinantes, les plus intéressantes et même les plus archétypales. Anne-Aymone, la raisonnable qui pense qu'elle n'a de toute façon pas de porte de sortie, Danielle, l'indépendante intrépide qui traça sa route en faisant ses propres choix professionnels et idéologiques, et Bernadette, l'adoratrice passionnée qui passa sa vie à tenter d'impressionner son homme pour le conquérir et qui y arriva presque. Toutes les « épouses de » que j'ai rencontrées entraient dans une de ces catégories, du moins jusqu'à ce que les femmes conquièrent vraiment et en nombre le pouvoir.

### *Épier par le trou de la serrure*

Enfin, les accidentés de la vie : Nicolas Sarkozy et François Hollande. Ce sont eux les plus « normaux ». Leur parcours, comme celui de beaucoup d'hommes ordinaires, fut secoué par des amours qui les perturbèrent, et parfois les cassèrent. Ils essayèrent de recoller les morceaux et de mener des histoires qui n'étaient pas des passades. Cécilia Sarkozy est tombée amoureuse d'un autre, elle savait que la compromission était impossible et elle est partie. Nicolas, après deux ou trois aventures consolatrices et rassurantes pour sa virilité, fit la connaissance de Carla Bruni, belle, intelligente et sympathique… et riche, conclut-il en riant lors d'un déplacement en commun peu après son mariage.

Je revois encore la tragédie amoureuse qui se joua jour après jour à partir de 2005. Nous étions un après-midi dans la salle du Palais des congrès et sur les gradins

Nicolas regardait sa femme régler sur la scène avec Richard Attias la logistique d'un futur meeting. Il y avait entre ces deux êtres des liens tellement charnels et électriques que j'avais l'impression d'épier ce couple par le trou de la serrure d'une chambre à coucher. Puis je tournai la tête vers Nicolas, je compris et je n'oublierai jamais son regard de désespoir. Puis Cécilia revint pour la campagne de 2007, sans doute à la suite d'un pacte, une sorte de contrat à durée déterminée avant d'en arriver à la déchirure irrémédiable.

En ce soir du 16 mai 2007 où il vient d'apprendre qu'il est élu président, il n'attend qu'une chose : sa présence. Enfin elle arrive, monte l'escalier avec son fils Louis, et alors qu'il se précipite pour échanger le baiser de la victoire, sans un sourire, sans un mot, elle pousse Louis vers lui comme pour dresser un mur entre eux et échapper à ce baiser. La scène est d'une intensité qui n'a rien à envier à un remake des *Rois maudits* !

François Hollande : Ségolène Royal... puis Valérie Trierweiler et enfin Julie Gayet. Là, avec Ségolène Royal, mon schéma se grippe. Apparaît un quatrième archétype d'épouse : la concurrente, et c'est l'enfer. D'ailleurs il y aura aussi, et de plus en plus, des hommes concurrents de leur femme star en politique, et il leur faudra beaucoup d'abnégation car comme le remarquait déjà Mme de Staël, « les hommes d'esprit, étonnés de rencontrer des rivaux parmi les femmes, ne savent les juger ni avec la générosité d'un adversaire, ni avec l'indulgence d'un protecteur et, en ce combat nouveau, ils ne suivent ni les lois de l'honneur, ni celles de la bonté ».

Ne croyez pas que ces mécanismes ne valent qu'au sommet de l'État. Même un conseiller municipal lambda se prend pour un seigneur. Celles qui sortaient des collectivités locales pour faire leur entrée dans la « grande politique » avaient déjà dû affronter le machisme gras ou sournois de types souvent aussi peu sexy qu'il est possible, ventripotents, charriant des remugles de tabac froid et la cravate constellée des taches du dernier déjeuner.

Une fois arrivée à Paris, je dus reconnaître que le « cheptel » était plus ragoûtant et que les carrières nationales, ministres, parlementaires, conseillers, hauts fonctionnaires, recrutaient les plus… attirants. Normal après tout. Pour être tout à fait honnête, il me fut toujours assez facile de me dépatouiller des avances et des gestes inconvenants : j'étais une « fille de », protégée par ma filiation et par tous les camarades de Résistance de mon père. J'étais légitime à exercer une fonction alors que d'autres, moins capées, pouvaient se sentir en quelque sorte « inférieures » et devenaient des proies pour des prédateurs. Je m'en défendis en jouant d'un esprit carabin, genre copain de caserne, qui me mettait à l'abri d'attitudes qui auraient pu passer pour une coquetterie racoleuse. Il était ainsi facile d'observer les grandes parades amoureuses qui règnent certes dans tous les lieux de pouvoir, entreprises, médias, milieux culturels, clergés ; mais pour avoir connu tous ces systèmes, je peux dire que la politique bat tous les records de la filouterie, du sexisme et de la prédation.

### *L'intolérance recule, mais lentement, ou le « Club des pédés »*

Il y a au moins un point sur lequel la tolérance et la bienveillance ont fait des progrès considérables, c'est celui de l'acceptation de l'homosexualité et de la transidentité. Ne rêvons pas : les relents homophobes n'ont pas complètement disparu, et quand je ralliai le gouvernement de Jean Castex en 2020, un député LR ex-UMP me jeta :

« Alors tu rejoins le Club des pédés ? »

Devant mon expression interloquée, il ajouta :

« Je les ai comptés : il y en a cinq au gouvernement ! T'imagines ? À croire que Macron les recrute dans un club gay… »

Il semblait constituer une liste anonyme de dénonciation. J'ai répliqué :

« Oui, ça doit être la même proportion que parmi tes électeurs. »

Il en avait même oublié deux…

Toutefois, je repense à l'atmosphère homophobe irrespirable qui régna pendant des siècles, de Clemenceau disant de Lyautey : « Il a des couilles au cul, dommage que ce ne soient pas les siennes » au scandale du comte de Germiny, un espoir de la droite républicaine contraint de s'exiler au Brésil en 1876 pour échapper à une lourde peine d'emprisonnement après avoir été surpris avec un prostitué de dix-huit ans. Tout au long de la IIIe République, l'accusation d'homosexualité signait la fin d'une carrière politique et la relégation sociale. Pire, nombre de commentateurs de toute obédience dénonçaient régulièrement un fantasmé « complot homosexuel » qui saperait les valeurs et le moral de la France. Cette dénonciation était souvent colorée par l'antisémitisme et la xénophobie, un certain Ernest Reynaud dessinant même une carte de France de l'homosexualité répandue selon lui « dans les régions fréquentées par les étrangers »...

Toutes ces discriminations perdurèrent férocement sous la IVe et durant tout le début de la Ve. La socialiste Françoise Gaspard fut la première femme politique à assumer son lesbianisme dans un article publié dans *Libération* et raconte qu'elle a subi de la part du PS une injonction au mariage comme condition pour pouvoir être éventuellement nommée ministre en 1981. Là encore, la révélation d'une homosexualité – réelle ou inventée – d'un adversaire ou d'un concurrent est restée une boule puante classique. Pendant la première campagne municipale de Chirac en 1977, pour le dézinguer plus sûrement, on vit fleurir sur les murs du métro l'accusation : « Chirac aime les garçons ».

Des mains rageuses répondirent alors : « Et il a raison ! »

Les années 1980 vont marquer le début d'un coming out global, avec l'apparition dans à peu près toutes les sensibilités idéologiques de groupes de réflexion, de commissions, d'associations et même de partis se définissant par rapport à la question homosexuelle. À la fin des années 1990 ont lieu quelques dévoilements individuels, André Labarrère, maire PS de Pau, lors d'une interview sur RTL, Bertrand Delanoë dans « Zone interdite » sur M6, tous les deux en 1998. Il faudra attendre janvier 2009 pour qu'un homme de droite, Roger Karoutchi, fasse de même à l'occasion de la campagne des primaires internes à l'UMP qui l'opposait à Valérie Pécresse pour désigner la tête de liste aux élections régionales de 2010. Cette dernière – qui se prononcera par la suite contre l'ouverture du mariage aux couples homosexuels – insista beaucoup à cette occasion sur son statut de « mère de famille », une façon subliminale de se situer dans la « normalité »...

## *La guerre du Pacs*

Chaque avancée dans la conquête des droits, Pacs, mariage pour tous, droit à la PMA, a été marquée par une flambée d'homophobie aussi bien à droite de l'échiquier politique que dans l'opinion.

Allez, pour planter le décor, une petite rétrospective sur le débat à propos du Pacs…

Seule dans ma famille politique, j'ai milité pour l'instauration du pacte civil de solidarité, comme plus tard je militerais pour l'instauration du mariage pour tous et de la PMA.

Sur les vingt-cinq mille lettres que j'ai reçues alors, plus de la moitié contenait des attaques ignobles. On m'a accusée de haïr les enfants : « Je sais que vous n'en avez qu'un, vous avez voulu éviter de vous encombrer » ; « Avec un seul enfant vous comptez sur les enfants des autres pour payer votre retraite » ; « L'égoïsme se lit sur votre visage, vous ne pensez qu'à vous pendant que des femmes admirables se sacrifient pour que la France continue d'exister ».

Les injures homophobes étaient violentes : « Sale gouine, si tu fais ça c'est pour que la société excuse tes vices » ; « Tu n'es qu'une pute » ; « Il faut une salope comme toi pour soutenir les pédophiles » ; « Vous êtes l'expression moderne de la grande prostituée de l'Apocalypse »…

La trahison à la patrie : « Vous êtes de ces naïfs qui acclamaient Daladier et Chamberlain au retour de Munich » ; « Vous ne méritez pas le sacrifice de tous ces jeunes Américains qui sont morts en Normandie pour nous libérer de Hitler » ; « Vous vous faites la complice de ceux qui ont exterminé les enfants dans les chambres à gaz puisque vous voulez donner des enfants aux pédés pour qu'ils s'amusent avec ».

Le coût supposé de l'instauration du Pacs : « Honte à vous qui voulez donner de l'argent à ces dépravés alors que notre pauvre église de village tient à peine debout » ; « Les homos sont des gens sans importance hors normes n'ayant aucun rôle dans la société et de ce fait ne méritant rien de spécial » ; « Ces gens-là ont déjà des revenus supérieurs à la moyenne des Français et vous voulez ajouter à leurs avantages ».

Une association, Avenir de la culture, fit circuler une pétition dans laquelle il était demandé que je sois excommuniée et exclue du groupe parlementaire RPR avec un argumentaire qui mérite d'être relaté : « Vous verrez bientôt deux moustachus en blanc qui attendent leur tour pour pacser leur relation honteuse, on les verra bras dessous en bermuda rose à la sortie de l'école en train d'attendre leur enfant adopté, petit camarade de votre fils ou de votre petite-fille. »

Dans ma circonscription, je fus traduite devant un véritable tribunal militant où l'on m'intima de prendre des positions dictées par les responsables du RPR. Je rappelai l'article 27 de la Constitution selon lequel tout mandat impératif est nul.

Et que dire des ignominies proférées par certains de mes collègues pendant le débat parlementaire ! Christine Boutin prononce, devant l'Assemblée nationale, un discours-fleuve d'une durée de cinq heures trente. Elle proclame alors que « le Pacs érige l'homosexualité en norme » et précise qu'« il n'existe pas de vide juridique pour les homosexuels », affirmant que le Pacs conduira à « une chosification de l'enfant soumis au bon plaisir des adultes ». Le député Dominique Dord dénonce le pacte comme « une patate chaude que l'on se refile de la mairie au tribunal d'instance et pourquoi pas demain à la Direction des services vétérinaires » avant de rectifier devant le scandale provoqué : « J'aurais pu dire la DDE » (Direction départementale de l'équipement). Philippe de Villiers accuse les socialistes en affirmant que « le Pacs est un retour à la barbarie » et soutient : « Vous vous apprêtez à violenter notre vieille civilisation mais un jour les victimes se lèveront et se tourneront vers vous, vous êtes le socialisme démolisseur ». François Vannson, député UMP des Vosges, se moque lui en proposant d'ouvrir le Pacs aux animaux de compagnie, et le député RPR des Yvelines Jacques Myard enchaîne avec « Il y a des zoophiles aussi », comparant l'homosexualité à la bestialité. Pierre Lellouche, député RPR de Paris, fait dans la dentelle en assenant : « Le Pacs sera le Vietnam de Lionel Jospin ! »

Dans ce florilège ignoble, je vous épargne les descriptions les plus viles et les plus pornographiques. C'est dire à quel degré de bassesse et d'homophobie certains politiciens peuvent descendre en croyant être en phase avec leur électorat.

Ce qui est rassurant, c'est qu'il ne fallut que quelques mois pour que tout ce « joli » monde plie ses bagages, que Jacques Chirac, qui avait pourtant assené que le Pacs risquait « de dénaturer et de banaliser le droit au mariage », me choisisse comme porte-parole de sa campagne, que son Premier ministre Jean-Pierre Raffarin améliore substantiellement les dispositions et que Nicolas Sarkozy – lui aussi s'était opposé au pacte – ne propose pas sa suppression dans son programme présidentiel.

Aujourd'hui, surmontant les injures homophobes persistantes, Gabriel Attal parle tranquillement de son homosexualité dans son premier discours à l'Assemblée nationale. Comme quoi, sur le front de l'amour et de la liberté, il y a quand même de bonnes nouvelles.

## Les voyageurs

Juin 1993. Le RPR vient de gagner les élections législatives de façon triomphale. L'alliance RPR-UDF a remporté 457 sièges sur les 577 mis au suffrage, contraignant ainsi François Mitterrand à vivre ses deux dernières années de mandat présidentiel en cohabitation. Je le soupçonne d'ailleurs de n'être pas mécontent d'avoir vu étrillés des socialistes pour lesquels il n'a pas caché son mépris. Dans la nouvelle majorité, c'est l'euphorie et nous sommes, tels des rapaces, en train de nous partager les postes dans d'innombrables instances : bureau de l'Assemblée nationale et des commissions, groupes d'amitié, groupes d'études, conseils d'administration d'organismes publics et parapublics de toutes sortes. Si ces fonctions ne sont pas rémunérées, elles sont pour la plupart agrémentées de douceurs, locaux, bureaux, collaborateurs, voyages, et surtout elles sont source de prestige et d'influence et font rutiler votre carte de visite. Le règlement de l'Assemblée veut que ces postes soient répartis à la proportionnelle des groupes.

C'est donc peu dire que la nouvelle majorité se taille la part du lion dans la distribution de ces colifichets. Pour répartir les détenteurs des postes qui lui ont été attribués se déroulent donc des élections internes au groupe, l'élection officielle ne faisant par la suite qu'entériner ce résultat. Alors là, mes amis, quelle foire d'empoigne ! Tous les coups tordus sont permis.

Jacques Chirac nourrissait un mépris tenace pour les députés qui se mêlaient de relations internationales. Il rejoignait en cela Maurice Couve de Murville – l'inoxydable ministre des Affaires étrangères du général de Gaulle –, qui disait : « Les parlementaires ? Au pire, ils sont calamiteux, au mieux, ils sont inexistants… »

## *Son Excellence vous recevra à son hôtel…*

Je ne résiste pas à l'envie de vous conter un incident drolatique. Toute jeune députée, j'ai été élue au bureau d'un groupe d'amitié avec un pays africain. Jacques Pelletier, alors ministre de la Coopération, organise un déjeuner avec le ministre des Affaires étrangères de ce pays, sa délégation et les membres du groupe d'amitié. Quelques semaines après, coup de téléphone à ma permanence :

« Bonjour, je suis l'aide de camp de Son Excellence le ministre X… Celui-ci est en voyage privé à Paris et il souhaiterait continuer à échanger avec vous sur certains dossiers d'équipements médicaux. »

Il faut dire qu'à l'époque je mène une action humanitaire en Guinée Conakry sur le plateau du Fouta-Djalon, et nous avons beaucoup discuté de médecine pédiatrique lors de ce déjeuner au Quai d'Orsay.

« Son Excellence vous recevra à son hôtel le PLM Saint-Jacques samedi vers 15 heures. Cela sera possible ? »

Là, vous vous dites que j'aurais dû me méfier et vous n'avez pas tort ! Après avoir traversé une antichambre bourrée de gardes du corps lourdement armés, je suis reçue dans une chambre-salon par le ministre, entouré de quelques conseillers. Quelques minutes s'écoulent, puis soudain tous ces types s'égaillent comme une volée de moineaux. Seul revient le ministre… simplement vêtu d'un peignoir. Alors là, c'est carrément l'angoisse. Éclair de génie car il s'agit de ne pas humilier l'excellence : « J'ai compris, cher collègue, que vous aviez souhaité un entretien confidentiel pour faire avec moi le point sur les situations d'insurrection dans certaines casernes de votre pays… »

Le type saisit que je lui donne l'occasion de ne pas se ridiculiser et pendant une heure, en prenant des notes, j'écoute son bilan des effectifs félons dans toutes les casernes du pays. Quand je sors et repasse par l'antichambre, les gardes du corps sont hilares. Pour eux, visiblement, je suis passée à la casserole…

Quand je conte cette mésaventure au conseiller de l'Assemblée nationale chargé de notre groupe, il m'indique que j'aurais dû lui demander de m'accompagner et qu'il est là pour cela. Le conseil me sert quelques années après. J'ai fait en 1987 un déplacement au Gabon avec le ministre Michel Aurillac et rencontré le président Omar Bongo. Je n'ai eu garde d'oublier le chœur des femmes gabonaises enroulées dans des wax à l'effigie de Chirac et qui nous chantaient à la descente de l'avion sur le tarmac de Libreville : « Toi qui arrives au Gabon-on, fais attention au sida-a… »

Comme quoi les politiques de prévention peuvent prendre différentes formes. En tout cas, plusieurs années après, alors que je suis ministre de l'Écologie, Omar ne m'a pas oubliée et m'invite pour un « entretien » dans sa suite… Il faut dire qu'il vient pratiquement tous les ans à Paris pour une visite privée. L'Élysée m'a fait savoir qu'il serait de bon goût de m'y rendre : on ne fait pas mystère des « liens » qui unissent les deux chefs d'État et de la nécessité (?) d'évoquer la protection des forêts primaires gabonaises. Il faut dire surtout que Bongo fut pendant ses quarante ans de règne le relais le plus influent de la Françafrique et qu'il fallait le ménager. J'accepte à condition d'être accompagnée par deux solides conseillers – en fait des barbouzes – qui font mine de prendre des notes, alors que Bongo déambule de long en large dans une gandoura en toile légère qui révèle une érection priapique. Ah, la politique étrangère et ses mystères insondables…

## *Au service de la France*

Chaque fois que je partais en mission, mon père n'omettait jamais d'assortir ses vœux de bon voyage d'une mise en garde rituelle : « Surtout, fais attention, tu peux dire des conneries en France, mais on ne te pardonnera pas une gaffe commise à l'étranger ou avec une personnalité étrangère. Et surtout, on n'y dit jamais de mal de son pays ou de ses dirigeants, même quand on les combat sur le sol national. »

Quand je vois à cet égard l'attitude d'une Marine Le Pen ou d'un Jean-Luc Mélenchon qui copinent avec les pires ennemis de notre pays et se font applaudir dans des instances qui combattent les principes et les idéaux de la France, j'hésite entre le mépris et la désolation.

En cette année 1993 victorieuse, mon élection au bureau du groupe m'a valu quelques sollicitations pour pousser des candidatures à des présidences de groupes d'amitié. Le député de Paris Pierre Lellouche est venu me trouver pour que je le propose comme président de la prestigieuse commission des affaires étrangères, garante de belles missions et de participation à tous les dîners d'État des voyages officiels. Bonne camarade, je parle de lui à Chirac qui explose : « Tu rigoles ou quoi ?

Laisse cela à des gens sérieux... Ce type est capable de nous mettre la guerre sur le dos ! »

Je crois qu'il exagérait quelque peu les capacités performatives de ce garçon, mais il me rappelait avec quelque rudesse que c'était lui qui décidait. À bon entendeur...

Cette répartition des postes – sur laquelle il avait largement la main – était surtout pour lui l'occasion de faire plaisir à de vieux compagnons qui se voyaient offrir ainsi aux frais de la République d'agréables voyages touristiques. Comme il fallait respecter une apparence de démocratie, tout cela donnait lieu à des élections internes largement bidonnées, et je n'allais pas tarder à l'apprendre.

Décidée à ne plus jouer les supplétifs à l'aube de ce second mandat, je me présente à la présidence de trois instances : l'Union interparlementaire, l'Association parlementaire euro-arabe et le Groupe d'amitié France-Allemagne. Je suis élue haut la main devant trois caciques gaullistes avec un score du style 200 voix Bachelot/5 pour les vieux birbes. Je savoure ma victoire, mais les nuisibles n'ont pas dit leur dernier mot pour me mettre à terre. Première manœuvre : jouer la culpabilisation, et c'est, envoyé par Jacques Chirac, Bernard Pons qui s'y colle.

« Oui, tu as gagné, mais le type que tu as battu est un grand résistant et son père a été pendu par les Allemands. Tu sais, ça lui fait beaucoup de chagrin de ne pas avoir cette présidence, et puis c'était un grand ami de ton papa. De plus, ce poste a besoin d'un représentant de prestige… »

Pas la peine de me faire un dessin : si je ne cède pas, je suis la pire des usurpatrices, pas vraiment taillée pour le poste, et en plus je trahis mon père, la Résistance et le général de Gaulle. Adieu, l'Association parlementaire euro-arabe, je jette l'éponge, mais, ajoute Bernard Pons : « Ne t'inquiète pas, on te revaudra ça ! »

J'attends toujours. Cela étant, j'aimais beaucoup celui qui obtint cette présidence, Jean de Lipkowski, avec lequel j'ai pas mal baroudé dans d'improbables voyages au Moyen-Orient. Je ne résiste pas à l'envie de vous rapporter l'histoire de ses premiers pas dans la carrière diplomatique, choisie – m'a-t-il confié – car dans d'autres fonctions il aurait été obligé de travailler… Il était stagiaire sur notre poste de Nankin en 1948. La guerre faisait rage entre les troupes communistes de Mao Tsé-toung et les troupes gouvernementales. Alors que, escortées par un conseiller culturel, l'épouse du chef de poste et sa femme de chambre rejoignaient Nankin par le train, on apprit que les rouges avaient attaqué le convoi, kidnappé le trio et selon des dires bien informés avaient fait subir les « derniers outrages » aux trois malheureux. Bref, les maoïstes, leurs affaires faites, décidèrent de les relâcher et de laisser repartir le train. Une réception attendait les « martyrs » sur le quai de la gare de Nankin avec fanfare, drapeaux et officiels arborant des mines de circonstance. Le sort voulut que ce soit la femme de chambre qui descende la première. Un correspondant de guerre bondit, micro à la main :

« Alors, mademoiselle, comment cela s'est-il passé ? Racontez-nous. »

La brave fille :

« Oh, pour Madame et pour moi, pas trop mal. On a l'habitude. Mais le conseiller culturel, qu'est-ce qu'il a pris ! »

Jean m'avait fait remarquer que les épouses et les collaborateurs des diplomates et des préfets devaient donner de leur personne et qu'il n'aurait pas été illégitime de les rémunérer.

Je ne suis pas au bout des manœuvres vicelardes. Élection officielle du bureau de l'Union interparlementaire. Stupéfaite et indignée, je vois le candidat que j'ai battu à plate couture se présenter contre moi. Il a rameuté quelques comparses. La gauche, voyant un bon tour à jouer au RPR, vote pour lui. L'élection qui ne devait être qu'un simple enregistrement du vote du groupe tourne au règlement de comptes. Adieu, ma présidence !

Par la suite, ce personnage friand de voyages participa à tous les déplacements de cette association internationale. Il était accompagné de sa maîtresse, quittait la délégation pour faire du tourisme dès qu'il posait le pied sur le tarmac, et on ne le revoyait que dans l'avion de retour. Pour comble de vilenie, pendant qu'il faisait la grasse matinée avec sa chérie, en tant que vice-présidente, j'assumais toutes les corvées. Heureusement que les fonctionnaires de l'Assemblée avaient un double des dossiers qu'on lui avait préparés puisqu'il se refusait à me les transmettre. Une fois, sa duplicité faillit quand même lui jouer un tour. Sa femme, restée en France, tenta de le joindre à l'ambassade pour lui annoncer la mort de sa mère, et nous étions incapables de mettre la main sur le mari félon. Pas rancunière, je déployai des trésors de diplomatie pour expliquer à la cocue qu'il était parti pour un rendez-vous important dans une bourgade reculée de l'Uttar Pradesh… Aujourd'hui, le portable cache utilement les fausses permissions.

Après l'intimidation et la spoliation m'attend l'embobinage de concours. Jacques Chirac lui-même veut me voir.

« Ma poulette, j'ai une mission délicate à te proposer ! »

Ouh là, ça sent le piège à plein nez…

« Je veux te confier la présidence du groupe d'études sur la question irakienne. Tu as le profil parfait, tu connais bien le Moyen-Orient, tu as fait des études d'arabe et surtout tu as voté la guerre du Golfe et on ne pourra pas t'accuser de faire partie du lobby pro-Saddam. »

## *Notre otage à Bagdad*

Il faut rappeler que la guerre du Golfe s'est terminée deux ans plus tôt au terme d'une campagne menée par une coalition militaire sans précédent depuis la guerre de Corée. Le RPR – sauf quatre parlementaires, dont Jean-Louis Debré – avait approuvé cette guerre, les relations diplomatiques étaient rompues avec l'Irak, nos intérêts étaient défendus sous drapeau roumain ; c'était la raison pour laquelle il n'y avait pas de groupe d'amitié mais un simple groupe d'études. La coalition, après avoir détruit toutes les infrastructures irakiennes et causé des centaines de milliers de morts civils et militaires, soumit le pays à un régime de sanctions draconiennes qui allait entraîner des ravages abominables dont les Occidentaux paieraient le prix du sang des années plus tard – mais cela, nous ne l'imaginions pas.

Pour l'instant, je sais une chose, c'est que je n'aurai pas la prestigieuse présidence de France-Allemagne sans doute promise à un affidé et qu'on me donne en échange un truc pourri, complètement vitrifié et où il n'y a que des coups à prendre.

Eh bien, grâce soit rendue à Jacques Chirac, je me trompe et lui ne s'en doute pas, car cette fonction fut un véritable roman d'aventures.

À la rentrée de l'été 1993, je reçois un coup de téléphone de Pierre Cointreau, le liquoriste angevin, qui m'apprend que le fils d'une de ses relations a été fait prisonnier par les Irakiens et qu'il croupit dans les geôles d'Abou Ghraib, lieu sinistre de torture et d'exécution, là où les Américains feront subir à partir de 2003 les pires sévices aux détenus. En fait, le jeune homme employé au Koweït par la société France Électronique s'est imprudemment aventuré dans le désert, a franchi la ligne de démarcation avec l'Irak, a été cravaté, accusé d'espionnage et jeté dans un cul-de-basse-fosse. Par des indiscrétions, j'apprends que le vice-ministre irakien Tarek Aziz est de façon quasi clandestine à Paris pour des raisons de santé et qu'il a retenu une chambre dans une résidence-hôtel du côté de la rue François-I^er^. Voilà une opportunité unique.

Il est 23 heures ce soir-là et j'entre dans la chambre de Tarek Aziz. Tel un cadavre, il est allongé tout habillé sur le lit dans une quasi-obscurité ; à ses côtés, une interprète – avec qui je me lierai d'amitié avant qu'elle ne soit assassinée en 2003 – est sur le qui-vive. Sur la table de nuit, preuve qu'il ne s'est pas contenté de consulter d'éminents professeurs de médecine, on distingue des catalogues de Dassault Aviation. Ambiance. Je connais les arcanes de la politesse orientale et il convient de ne pas se précipiter. Après des considérations sur la météo, l'excellence de la cardiologie française, les liens inaltérables qui unissent nos deux pays et que les vicissitudes du temps ne sauraient remettre en cause, j'en viens à mon plaidoyer humanitaire sur la situation de notre prisonnier et je lâche *in fine* la question fatidique :

« Que faut-il que je fasse pour que vous me rendiez Jean-Luc Barrière ? »

Jusque-là, Tarek Aziz ne s'est exprimé qu'en arabe. Il me regarde les yeux mi-clos et répond dans un français parfait :

« Que vous veniez le chercher vous-même à Bagdad… »

Puis il ferme les yeux, signifiant que notre entretien est terminé.

Sur le trottoir, je suis comme un boxeur groggy : le chercher, mais comment ? Pas de relations diplomatiques, pas de transports aériens, un pays dévasté et sous embargo, un chef d'État présenté comme le Grand Satan par toute la communauté internationale. Seul le ministre des Affaires étrangères peut m'aider.

Le lendemain, je lance sans trop d'espoir à Alain Juppé : « Alain, on nous rend Jean-Luc Barrière, mais je dois aller le chercher à Bagdad. » À ma grande stupéfaction, il est d'accord et n'y met qu'une seule condition : que je sois escortée par un diplomate professionnel au profil de baroudeur et de connaisseur expérimenté d'un terrain ultra-piégeux, en l'occurrence Serge Boidevaix. Serge Boidevaix, ambassadeur de France, ancien secrétaire général du Quai d'Orsay, fut par la suite mis en examen par le juge Courroye pour trafic d'influence et corruption d'agents publics étrangers dans l'enquête sur les activités de Total en Irak. Auditionné dans ce cadre en septembre 2005, il décrivit alors précisément au juge les arcanes de la procédure dite « Pétrole contre nourriture » qui permettait à l'Irak de se fournir en produits de première nécessité en usant de ses revenus pétroliers. Il fut relaxé en première instance et condamné à une simple amende en appel le 26 février 2016. Il est mort le 6 avril 2018.

Certains se sont plu par la suite à présenter Serge comme une barbouze. J'en ai gardé le souvenir d'un grand serviteur de l'État, un de ces hommes de terrain pétris de culture, organisateurs de réseaux, maniant aussi bien l'arme de poing que la conversation de salon et qui ont assis l'influence de la diplomatie française dans des théâtres d'opérations extrêmement délicats. Sans lui, rien n'aurait été possible.

À la tête d'un petit commando où figure entre autres Daniel Garrigue, député de la Dordogne, je pars pour Amman. Le roi Hussein, acquis à notre cause, met un hélicoptère à notre disposition pour nous conduire à la frontière où des voitures irakiennes nous attendent. Notre voyage est en fait émaillé d'un incident assez drôle. Nous sommes prévenus que dans un canyon routier encaissé, les véhicules sont fréquemment arraisonnés et les passagers molestés sinon tués. Perspective pas follement réjouissante, mais comme le dit le proverbe arabe, « Va où tu veux, meurs où tu dois… ». Au moment où le chauffeur aborde le coupe-gorge, un coup de feu retentit, le chauffeur s'abat sur le volant, la voiture zigzague et je me dis : « Ça, c'est vraiment pas de bol, la mort m'attendait dans ce coin perdu du désert. Maman, tu me disais toujours que je devrais résister à faire des bêtises, j'aurais dû t'écouter ! »

En fait, un pneu a éclaté, le chauffeur s'est couché sur le volant pour maîtriser tant que faire se peut le véhicule et la mort m'a laissé quelques décennies de répit. *Mektoub*.

Les trois jours suivants sont consacrés à plaider la cause de Jean-Luc Barrière auprès de tous les ministres, sous-ministres et chapeaux à plumes du régime baasiste, visiter tous les lieux où nos hôtes s'emploient à nous démontrer les horreurs de la guerre menée par les Américains, comme l'hôpital Saddam, où sont soignés des petits enfants atrocement blessés ou souffrant de graves dénutritions sous l'effet de l'embargo. Il faut se recueillir dans le fameux abri antiaérien d'Amiriya, là où deux bombes américaines guidées par laser calcinèrent instantanément plus de trois cents civils, hommes, femmes et enfants, qui s'y étaient réfugiés. Puis nous récupérons enfin Jean-Luc à Abou Ghraib et ne traînons pas. De retour à Amman, dans le palais somptueux que Hussein a mis à notre disposition, je compose le numéro de téléphone de la mère de Jean-Luc Barrière : « Madame Barrière ? Roselyne Bachelot. Madame, je vous passe votre fils. » Toute ma vie, je me souviendrai du cri que j'ai entendu à ce moment et des sanglots de joie qui suivirent.

Il y a quelques mois, alors que je faisais une séance de dédicaces dans une librairie angevine, un homme accompagné de ses parents s'approche et me dit timidement : « Je suis Jean-Luc Barrière. » Nous ne nous étions pas revus depuis cette incroyable équipée et nous avons pleuré dans les bras l'un de l'autre.

Par la suite, j'ai effectué plusieurs missions en Irak au nom de l'Assemblée nationale. La plus importante fut à n'en pas douter celle qui me permit d'évaluer les conséquences humaines et matérielles de l'opération *Renard du désert* décidée sans mandat de l'ONU par le président Clinton et qui du 16 au 19 décembre 1998 vit des bombes s'abattre sur l'Irak au motif d'atteindre des armes de destruction massive dont on sait maintenant qu'elles n'ont jamais existé. À la demande de Raymond Forni, le président socialiste de l'Assemblée nationale, je conduisis une mission qui de Mossoul à Bassorah constata les ravages de la politique de sanctions et en porta témoignage dans un rapport intitulé *Irak, une mort lente* qui servit de base à un colloque consacré au droit international des sanctions.

Quand je regarde rétrospectivement toutes ces missions au Moyen-Orient, un kaléidoscope d'émotions envahit mon cœur et mon esprit. Le tout jeune soldat israélien qui me tint couchée au sol, mains sur le crâne, à l'entrée du camp de réfugiés palestiniens de Balata, la balle qui se ficha dans le mur juste au-dessus de ma tête dans l'hôtel misérable où je résidais à Gaza, le curieux bruit *tch-tch-tch* du missile Tomahawk qui passa non loin de ma fenêtre à Bagdad, les sirènes d'alarme annonçant une vague de bombardements sur Bassorah, tout cela resurgit dans mes nuits d'insomnie. Et puis des fous rires inénarrables comme ceux provoqués par une députée qui cracha à l'entrée d'un ministère sur le portrait de Saddam Hussein au motif de le nettoyer avec son mouchoir avec un commentaire qui sentait le Glassex, « Dites donc, vous faites pas souvent les vitres » ; un autre tentant de persuader Tarek Aziz qu'après tout il lui serait bien facile de bidouiller les comptes du régime pour le présenter aux Américains afin de lever les sanctions, d'ailleurs, ajouta-t-il sous le regard éberlué et goguenard de Tarek, c'est ce que tout le monde faisait en France (*sic*) ; la visite protocolaire à Hafez El Assad en juillet 1998 où celui-ci ne me parla que de Zidane. L'émotion de rencontres comme celle que j'ai faite avec les prêtres de Maloulah, là où l'araméen, la langue du Christ, est encore pratiqué, ou avec ce vieux Druze qui me disait que le bonheur de sa journée était de s'asseoir après souper tranquillement et de parler en français avec sa femme.

Mais le meilleur à n'en pas douter fut ce périple magnifique qui me fit relier Bagdad à Damas à la fin d'une de ces missions. J'avais demandé un sauf-conduit à Tarek Aziz et suivi en voiture l'Euphrate, franchi la frontière syrienne pour visiter Mari et Doura Europos. Je revois en ce mois de juillet le gardien de Doura surgir sur sa moto, m'interpeller dans le français parfait parlé par les vieux Syriens et me dire : « C'est incroyable ce qu'il y a comme monde cette année ! J'ai eu trois personnes à Pâques et vous maintenant... »

Puis c'est l'arrivée à Palmyre dans le rougeoiement d'un crépuscule qui découpe le *decumanus* et le temple de Bêl comme auréolés de sang avant de retrouver Damas et ses vieilles ruelles ombragées par les pampres, relire *Un jardin sur l'Oronte* en rêvant des amours de Guillaume et d'Oriante...

J'ai revu Tarek Aziz pour la dernière fois à Johannesburg en 2002. Ministre de l'Écologie, j'accompagnais Jacques Chirac dans la salle où il prononça le fameux : « Notre maison brûle et nous regardons ailleurs ». La délégation irakienne étant juste derrière nous, ma mission était simple : veiller à ce qu'aucune photo de poignée de main ne soit prise entre Chirac et Aziz. En enveloppant Chirac dans une sorte de mouvement tournant qui m'interposait entre l'Irakien et lui, j'y parvins ! Tarek Aziz se rendit aux Américains après la chute de Bagdad, en 2003. En 2008, ceux-ci le livrèrent aux chiites qui faisaient la chasse aux chrétiens – Tarek Aziz était chrétien chaldéen. J'ai demandé sans succès à Nicolas Sarkozy, lors d'un Conseil des ministres, qu'il intervienne auprès des Américains pour qu'il ne soit pas ainsi livré à ses pires ennemis. Il fut condamné à mort en 2010, mais le président Talabani refusa de signer son ordre d'exécution et il mourut à l'hôpital-prison de Nassiriya.

J'eus la chance de voir les merveilles et les derniers soubresauts d'un monde qui n'est plus. Ce monde, qui est le berceau de notre civilisation, là où tout est né, s'effondre dans un fracas de souffrances indicibles. Je vis, impuissante, le désastre se préparer, inéluctable. Je racontais et cela n'intéressait personne. Mes interlocuteurs pensaient que je faisais du tourisme… En fait, nous avons laissé faire et nous continuons. Tout le monde s'en fout.

### *Du rôle éminent des interprètes*

Il est toujours délicat de s'occuper de politique étrangère, même quand dans une fonction ministérielle le Quai d'Orsay vous épaule dans un parcours apparemment anodin et parfaitement balisé.

La corvée classique confiée à un ministre est d'accueillir une personnalité à sa descente d'avion, de passer avec elle les troupes en revue, de saluer les drapeaux, de présenter quelques invités dans le salon d'honneur et de l'accompagner à la résidence Marigny, à son ambassade ou encore dans un palace parisien selon le grade de la personnalité et le statut de son déplacement. Facile, coco… Tu parles ! J'essuyai les plâtres avec le président du Tadjikistan Imamali Charipovitch Rahmonov en avril 2003. Le ministère des Affaires étrangères m'avait donné des éléments de langage en béton armé – c'est le cas de le dire – en m'indiquant que le Tadjikistan était la base arrière de nos troupes en Afghanistan et qu'il s'agissait de ne pas indisposer l'autocrate. Surgit de l'avion un type engoncé dans un gros pardessus qui sentait fort la sueur et coiffé d'une toque en astrakan qui lui donnait l'air d'avoir échappé à la tribune de la place Rouge un 1er Mai.

Vingt ans après, je me demande ce qui m'a pris. Dans la voiture, au lieu d'en rester aux éléments de langage calibrés, je décide de le complimenter sur un film tadjik que j'ai vu à la Pagode quelques semaines auparavant. Au lieu de traduire la conversation, l'interprète, imperturbable, lance : « Il vient de foutre le réalisateur en taule. » Et continue une traduction qui n'avait certainement rien à voir avec le cinéma.

Je réalisai ensuite plusieurs fois que les interprètes du Quai ne traduisaient pas les propos des malheureux gaffeurs et caviardaient allègrement nos errances. Heureusement, et je me le tins pour dit.

Avec l'Égyptien Hosni Moubarak en avril 2008, ça ne s'est pas amélioré. Visiblement, vu son air égaré et sa démarche peu assurée, il a abusé des boissons alcoolisées pendant le vol. Paf, il rate la première marche de l'escalier de coupée. La télévision égyptienne s'arrête de filmer et je dis au général qui auprès de moi fait fonction d'aide de camp : « Merde alors, changement de programme, on ne va pas à Marigny mais au Val-de-Grâce… »

Coup de chance, au dernier moment, Moubarak s'accroche à la rampe et se rétablit avec l'aide du général. Le passage en revue des troupes est chaotique et la conversation réduite au minimum puisqu'il s'endort dans la voiture.

Je ne suis pas au bout de mes peines. Chargée de réceptionner une personnalité européenne de première importance et que je ne citerai pas par pure bonté d'âme, je m'installe avec lui dans la voiture officielle, et aussitôt, il pose sa main sur ma cuisse et dit d'un ton énamouré :

« Vous savez, je me sens très seul… »

Ouh là ! Ventrebleu, il va falloir la jouer dans la légèreté.

« Ha ha ha, monsieur le… c'est un plaisir de vous recevoir à Paris et nous avons en vous un allié précieux. »

Tu parles !

D'un seul coup, moi aussi, je me sens très seule et je trouve le temps horriblement long jusqu'à l'hôtel Meurice. Il saisit néanmoins l'occasion de m'indiquer que le soir, quand il a le cafard, il s'ouvre une boîte de raviolis. Dantesque…

Le lendemain, il m'enverra un foulard Hermès que j'offrirai à mon conseiller diplomatique.

## *En délégation officielle*

Le plus intéressant pour voir évoluer nos monstres sur la scène internationale est bien évidemment de faire partie de la délégation officielle qui accompagne le président de la République. J'ai ainsi effectué plusieurs voyages, mais trois sont mythiques : au Sommet de la Terre de Johannesburg comme ministre de l'Écologie avec Jacques Chirac, aux jeux Olympiques de Pékin comme ministre des Sports avec Nicolas Sarkozy, dans les pays du Golfe comme ministre de la Culture avec Emmanuel Macron.

Un point commun d'organisation les réunit : ils font le voyage dans un luxueux salon-bureau de travail avec chambre à coucher et salle de bains. Le reste de la troupe, ministres, conseillers, journalistes, invités plus ou moins prestigieux du monde de l'économie ou de la culture, personnels de sécurité, est confiné dans la cabine arrière, parfois sur un siège qui vous oblige à faire un voyage de plusieurs heures les genoux sous le menton. Le mieux naturellement est de partir en avant-garde et de repartir… en arrière-garde, ce qui vous évite la cérémonie suppliciante de l'aide de camp qui invite chacun son tour les personnalités à rejoindre le président pour un court échange, avec le sentiment d'être réduit au rôle du courtisan qui guette ce moment avec avidité. La bouffe est bonne, c'est déjà ça…

Dès que vous avez posé le pied sur le tarmac, le cirque commence : il s'agit de ne pas lâcher la délégation, sinon vous vous retrouvez au fin fond de la pampa et personne ne viendra s'occuper de vous, d'éviter au maximum de causer avec les journalistes qui supputent que la fatigue du voyage et le sentiment de ne servir à rien vous feront lâcher des ragots croustillants, de vous assurer que vos bagages ne vont pas rester en rade et de vous retrouver dans un vieux pantalon froissé au dîner d'État (ça m'est arrivé à New Delhi) et enfin, *last but not least*, de localiser les toilettes.

Une fois ces questions réglées, vous survivez. Le plus sympathique des trois lascars était à n'en pas douter Jacques Chirac. Il n'a jamais eu l'air de prendre cela très au sérieux. Contacts réduits au maximum avec les journalistes, visites d'un musée programmées au dernier moment, décision d'aller déjeuner dans un petit restaurant, annulation sur le gong d'une réunion avec ses homologues. À Johannesburg, cela m'a valu d'être réveillée à 7 heures du matin par ses officiers de sécurité pour le remplacer lors d'un échange niveau chefs d'État ou de gouvernement et de m'asseoir derrière le chevalet *France* sous le regard éberlué de Tony Blair, de Silvio Berlusconi, de José María Aznar, de Gerhard Schröder et de George Bush qui se demandaient qui était cette nana totalement inconnue qui venait discuter avec eux de la politique à mener pour atteindre les objectifs du millénaire. Heureusement, et Chirac l'avait bien compris, que ces trucs ne servent à rien.

Le lendemain, au lieu du déjeuner officiel, nous allons dans un restaurant japonais où nous tombons sur le Premier ministre nippon Junichiro Koizumi à qui le Français donne les dernières nouvelles sur les blessures de la star des sumotoris, bref, un grand moment où il s'agit de garder son sérieux. Mais le meilleur est la tronche de notre ambassadeur à la descente de l'avion. Je suis arrivée quelques jours auparavant et nous attendons tous deux le président. Le diplomate est horriblement stressé et je l'ai vu dans la voiture potasser ses fiches. Il est au carré et aucune question du président sur la situation politique en Afrique du Sud ne peut le mettre en difficulté. Et hop, un bourre-pif en pleine paix : Chirac l'interroge sur une caverne située près du Cap ornée de peintures protohistoriques et connue de quelques spécialistes dans le monde. Je vois le type transpirer à grosses gouttes.

Tout avec Jacques pouvait déraper : au Sommet de la Terre, il avait agrippé Schröder par le revers de sa veste en arrivant dans la grande salle de conférences pour lui dire : « Tu diras à ton ministre d'arrêter d'emmerder MA ministre ! » L'Allemand n'en menait pas large et Jürgen Trittin, le ministre vert mis en cause, en riait encore quand je l'ai rencontré plusieurs années après. Au musée de Shanghai, il avait indiqué que les scientifiques chinois s'étaient trompés dans la datation d'un vase anthropomorphe et au Mexique critiqué l'attribution d'une coiffure précolombienne aux Olmèques. On lui pardonnait tout car il avait le don de ne jamais avoir l'air de la ramener alors que le sujet relevait d'une culture encyclopédique, vérifiant ainsi la phrase fameuse : « Chirac, c'est un type qui lit un recueil de poésies chinoises qu'il a caché dans un numéro de *Playboy*… »

Rien de tout cela avec Nicolas Sarkozy. Un déplacement doit être utile et faire bouger les choses. Au moment où nous nous rendons à Pékin pour la cérémonie d'ouverture des jeux Olympiques le 8 août 2008, et alors que la France préside le Conseil de l'Union européenne, la guerre russo-géorgienne a éclaté dans la nuit du 7 au 8 et oppose la Géorgie à sa province dissidente d'Ossétie et à la Russie rejointes par l'Abkhazie. Stupeur de ma part, Nicolas a décidé de transformer la tribune officielle des Jeux en un lieu de conférence internationale pour la résolution du conflit. Le résultat est éclatant : à l'issue d'une guerre de cinq jours, les parties acceptent le plan proposé par Nicolas Sarkozy qui s'impose comme héros du succès de cette négociation. Je ne vais pas entrer dans les polémiques postérieures qui doutent que l'armée russe aurait continué jusqu'à Tbilissi. Cette affaire est d'ailleurs l'occasion pour moi d'une séquence du plus haut comique. Ministre des Sports, je suis interviewée en ouverture du journal de

20 heures de TF1 sur l'ambiance de la cérémoni présentateur attaque :

« Pouvez-vous nous rapporter la teneur des entretiens entre Nicolas Sarkozy et le président George Bush ? »

Et pourquoi pas pendant qu'on y est révéler le code de l'arme nucléaire ! En bonne sarkozyste, je tire à vue :

« Et vous, vous êtes un spécialiste des questions à la con ? »

En régie, les conseillers sont morts de rire.

Peu importe, il n'y avait que Sarkozy pour faire un truc pareil et embarquer George W. Bush et les chefs d'État européens dans une opération style Bonaparte au pont d'Arcole. De la même manière, quelques semaines après, il prendra la tête de la patrouille dans la crise des *subprimes* qui a trouvé son point de départ dans la hausse des taux directeurs de la Réserve fédérale américaine en 2005, renchérissant le remboursement des prêts à taux variable. Le choc sur l'économie française va être épouvantable, avec un produit intérieur brut chutant de 2,9 % en 2009. On peut certes regretter que les réformes structurelles n'aient pas suivi, mais il faut reconnaître à Nicolas Sarkozy une capacité d'entraînement sur les décideurs économiques et une compétence pédagogique qui lui ont permis de traverser cette crise, la plus sévère depuis l'après-guerre, dans une relative acceptation par les opinions publiques européennes. Tous les mercredis, au Conseil des ministres, il faisait le point sur le tsunami qui risquait de nous emporter, et même les plus nuls avaient l'impression d'être devenus des cadors en matière de politique financière et monétaire. J'ai alors acquis la conviction que c'est bien en France le président de la République qui est à la manœuvre et non comme on se l'imagine souvent des conseillers tapis dans l'ombre ou des visiteurs du soir machiavéliques.

## *Tiens, on sert du vin en Arabie saoudite ?*

La crise épidémique ne me permit de faire qu'un déplacement à l'étranger en la compagnie d'Emmanuel Macron, celui qui nous amena dans les pays du Golfe en novembre 2021, à Dubaï pour l'Exposition universelle puis au Qatar et enfin en Arabie saoudite, tout cela en trois jours d'une cavalcade ahurissante. Ce qui est fascinant quand on se déplace dans cette région du monde est qu'on a le sentiment de jouer soit dans un remake du *Fils du cheik* avec Rudolph Valentino en croisant les regards de velours sous les keffiehs, soit de *L'Homme qui en savait trop* quand on déjeune avec Mohammed ben Salmane, celui qui a fait assassiner son opposant Jamal Khashoggi au consulat d'Arabie saoudite à Istanbul le 2 octobre 2018. Ce sanglant dictateur sait recevoir : porcelaines Haviland, argenterie de Christofle et verres de Baccarat. On sert même du vin… Je n'en reviens pas ! Fausse joie : il s'agit de jus de grenade. Il ne faut quand même pas pousser le *kâfir* dans les orties. Quand vous vous laissez emporter par les ors, les palais de Djeddah, les gardes habillés comme des figurants à Mogador, Macron comme un poisson dans l'eau et qui ressemble de plus en plus à Ryan Gosling, un je-ne-sais-quoi vous fait réaliser que non, vous ne jouez pas dans *Le Caire, nid d'espions* : un aimable conseiller vous signale qu'il n'y a pas de loquet dans les toilettes puisque dans ces pièces de réception saoudiennes, les femmes ne sont jamais invitées et donc puisqu'il n'y a que des hommes, pas besoin que ça ferme à clé ! C'est un concept.

Au bout d'un moment, la réponse à toutes ces questions devient évidente : les hommes sont nés pour faire la guerre et quand ils ne font pas la guerre, ils font des affaires et c'est la même chose. Il faut dire que dans le rôle de VRP de luxe, Emmanuel Macron est imbattable. Il vendrait de la glace à des Esquimaux. Qu'est-ce qu'il leur a fourgué en trois jours ! Quatre-vingts Rafale F4 pour 14 milliards aux Émirats arabes unis, et comme il ne faut pas qu'Airbus désespère, douze hélicoptères Caracal pour 1 milliard, plus vingt H145 et six H160 à l'Arabie saoudite. Il n'y a pas que Dassault et Airbus qui sont de la fête, mais aussi Veolia, Safran, Air liquide… Tous les secteurs du plan France 2030 sont concernés, que ce soient l'hydrogène, le quantique, le spatial, l'intelligence artificielle. Rien qu'à Dubaï, les coopérations avec deux fonds souverains se montent à… 8 milliards.

La culture aussi trouve son bonheur avec le projet de nouveaux musées, sans oublier les complexes hôteliers autour du site d'Al-Ula. La conclusion de tout cela est bien résumée par le président, se focalisant sur la prise de guerre que constitue le marché des Rafale : nous avons signé le plus gros contrat pour l'industrie de défense française de toute l'histoire.

En remontant dans l'avion après avoir signé un vague contrat de coopération culturelle dont je me demande comment il a prospéré ultérieurement, je ne peux m'empêcher de comparer nos trois monstres. Tous les trois ont été fêtés et honorés avec la considération dont jouissent la France et ses performances politiques, économiques et culturelles. Tous les trois sont des personnalités à l'intelligence et au charisme hors norme et attestent la qualité reconnue – à l'étranger mais pas chez nos concitoyens – du personnel politique de notre pays. Cela nous vaut d'ailleurs une solide réputation d'arrogance et de volonté hégémonique pas toujours injustifiée d'ailleurs. Mais ils sont chacun dans un rapport au temps et à l'espace très différent. Jacques Chirac est un esthète pessimiste qui croit profondément que la beauté et l'art auront raison des conflits, il se nourrit du passé. Nicolas Sarkozy lui est un bretteur déterminé qui croit en la force et en sa capacité de conviction, tout est dans l'aujourd'hui. Emmanuel Macron est un nationaliste mondialisé qui ne croit plus aux équilibres géostratégiques hérités du passé. Il se déplace en anticipant un futur où il ne dépendra que de nous de saisir les opportunités. Un seigneur, un bretteur et un charmeur. À moins que ce ne soit le bon, la brute et le truand, mais je vous laisse, cher lecteur, le soin de leur assigner leurs places respectives.

# Les journalistes

Mon père m'avait prévenue. Lors de ma première campagne électorale, les articles que m'avait consacrés la presse locale étaient plutôt bienveillants car personne ne me prenait au sérieux. L'un d'eux s'était même fendu d'un papier assez élogieux lorsque j'avais participé – sur une place non éligible, il ne faut pas s'élever au-dessus de sa condition – à la liste RPR-UDF des municipales de 1977. La tête de liste, homme fort estimable – il était pharmacien, pensez donc –, avait à peu près le talent oratoire d'un parpaing et côté charisme, il n'était pas du bois dont on fait des incendies. Il ne m'avait pas été difficile de briller lors du meeting de clôture et le localier avait titré dans *Ouest-France* : « Quand le moussaillon dépasse le capitaine ! » Mazette, cette performance m'avait acquis des adversaires jalousement déterminés ce soir-là, mais la liste ayant été battue, tout était rentré dans l'ordre. J'avais remis le couvert lors des cantonales de 1982. Le candidat socialiste étant réputé imbattable dans un secteur entièrement acquis à la gauche, là encore, les grands méchants n'avaient pas aiguisé leurs crocs. Tout cela ne pouvait pas durer. Mon virage en tête au premier tour contre toute attente sonnait le début de rapports compliqués avec les médias, mi-sucre mi-vinaigre, qui persistent aujourd'hui.

Les conseils paternels étaient d'autant plus pertinents qu'il avait été journaliste et continuait d'ailleurs cette activité dans une radio locale. Jeune résistant, tout juste sorti du maquis, il avait été propulsé par le général de Gaulle comme rédacteur en chef d'un important quotidien de province, la rédaction ayant fait preuve pendant l'Occupation d'une regrettable indulgence vis-à-vis des Allemands. Je dirais même que plus collabo, tu mourais. Le discours de mon père était simple et comportait trois aphorismes qui seraient autant de viatiques dans mes contacts avec la presse.

### *« La presse mentira sur toi »*

Le briefing eut lieu le soir même de mon élection au conseil général de Maine-et-Loire :

« Un journaliste n'est jamais ton ami. Tu le croiras, mais chaque fois qu'il pensera que c'est utile, il te trahira. »

Il continua :

« Et ne t'en offusque pas. C'est l'honneur de ce métier. »

Ce crochet du droit fut suivi de celui du gauche :

« La presse mentira sur toi, déformera tes propos, t'injuriera, te vilipendera. Ne te donne pas la peine de répondre, de démentir, de rectifier. Le droit de réponse qui sera publié sera assorti de commentaires qui seront pires que le mal qu'on t'aura fait. »

Une « ténébreuse » affaire vint quelques années après confirmer ce diagnostic sans fard. Lors des élections législatives de 1981, un déséquilibré, M. Z., avait caressé le projet de se présenter contre mon père. Pour cela, il lui fallait un suppléant et il ne lui restait plus que vingt-quatre heures avant le dépôt des candidatures. Il commença ses recherches en déboulant en fin d'après-midi du samedi dans notre pharmacie et en proposant le poste… à Jacques Bachelot, alors mon mari ! Tout au long d'un incroyable road-movie qui dura la nuit suivante et toute la journée du dimanche, il tenta de soudoyer des serveurs de bar, des commerçants sur un marché, le procureur de la République qui sortait d'une pâtisserie avec le saint-honoré dominical et termina cette équipée en sonnant à 23 heures… place Monseigneur-Rumeau, chez l'évêque d'Angers, qui lui ouvrit en pyjama… On imagine le succès rencontré par M. Z., qui se rendit néanmoins à la préfecture un quart d'heure avant la fin du dépôt des candidatures, proposa cette suppléance à l'attaché administratif de permanence ; le type ouvrait des yeux ronds.

Tous ces témoignages nous furent ensuite fort utiles. En effet, dès le lundi matin, M. Z. portait plainte contre Jacques Bachelot pour séquestration puis se pointait à la rédaction de *Ouest-France* pour raconter les menées rocambolesques qui, selon lui, l'avaient empêché de se présenter. Il ne fallait pas être expert en psychiatrie pour réaliser que cette personne était un mythomane déséquilibré ; le simple fait qu'il appuyait ses dires par des lettres de la reine d'Angleterre et du pape mettait sur la piste s'il en était besoin… Et pourtant, le journaliste allait relayer sans prudence et sans recul les élucubrations de cet hurluberlu dans un article occupant quasiment une page de l'édition d'Angers et se répétant sur plusieurs jours, accréditant le scénario d'un véritable complot ourdi par de louches officines. L'enquête policière fut rondement menée et démolit sans coup férir les fantasmes d'un pauvre homme perdu dans ses délires. La demande du quidam auprès du Conseil constitutionnel pour faire annuler l'élection législative tourna court de la même façon. Pensez-vous que le localier ait fait amende honorable auprès de nous qu'il avait de fait gravement diffamés ? Que nenni : la rectification consista en un minuscule article titré « Tempête dans une tasse de thé », présentant l'affaire comme un canular que le journal avait traité à la rigolade et que seuls des gens manquant totalement d'humour avaient pris au sérieux…

Nous n'avons même pas réagi : le tort causé était considérable, mais créer un différend avec un puissant média local eût été suicidaire.

Mon père avait assorti son conseil d'un petit baume apaisant :

« La seule chose que tu pourras faire sera incidemment, plus tard, en privé, d'indiquer au journaliste qu'involontairement il a commis une erreur, sans doute mal informé par des personnes malintentionnées. Culpabilise-le gentiment sans récriminer. Tu verras qu'il aura à cœur de "rééquilibrer" le tir. Ça ne durera pas, mais c'est toujours bon à prendre... »

C'est vrai que chaque fois que par la suite je croisais ce journaliste, il avait un léger mouvement de recul, craignant sans doute que je ne lui colle une baffe !

Avec férocité, papa avait achevé sa diatribe dans un éclat de rire :

« Une chose va te sauver des deux premières : il n'y a pas plus paresseux qu'un journaliste, et chaque fois que tu lui auras mâché le travail, il préférera l'utiliser plutôt que celui qu'il pourrait faire lui-même ! »

Quand je repense à cette feuille de route, je ne peux m'empêcher de revoir cette scène mythique que constituait l'entretien de rentrée que mon père accordait au *Courrier de l'Ouest* vers la mi-septembre. Alors qu'une température estivale régnait encore, un feu d'enfer ronflait dans la cheminée. L'éditorialiste assoiffé éclusait le champagne à grandes lampées et déjà vacillait en gagnant la table. Ma mère, fine cuisinière, ne faisait pas dans le chichiteux. Après une terrine maison et un filet de sandre au beurre blanc, le coq au vin révélait ses splendeurs, agrémenté de pommes sautées avec juste une pointe d'ail. Salade servie à l'angevine en même temps qu'un somptueux plateau de fromages. Et hop, pour faire digérer et émulsionner les graisses, une charlotte au chocolat noir se laissait amoureusement entourer d'une crème anglaise de légende. Le correspondant du *Courrier de l'Ouest* avait du mal à se lever de table et gagnait le canapé du salon dans un état semi-comateux. Papa, les yeux mi-clos, observait le type qui tentait de lutter contre l'endormissement en faisant tourner dans un verre ballon l'ambre de l'armagnac. L'interview était menée d'une voix de plus en plus pâteuse et sur le coup de 5 heures, mine de rien, mon père faisait glisser sur la table un papier plié : « Tenez, Michel, j'ai mis quelques phrases. Ça pourra peut-être vous être utile, ne serait-ce qu'un mot… »

Michel fourrait le papier dans sa poche, l'air détaché. En fait, arrivé dans sa rédaction, il y trouvait une interview en bonne et due forme, questions et réponses, qui, le lendemain, se retrouvait *in extenso* dans le journal local.

Pendant vingt ans, la scène se reproduisit à l'identique, mais il faut le reconnaître, aujourd'hui, tout cela ne serait plus possible. Si les deux premiers conseils ont gardé toute leur verdeur et leur vérité, la presse, nourrie au lait de Bourdieu, est passée d'une connivence souvent lucide à une méfiance ontologique, cette méfiance n'étant pas, paradoxalement d'ailleurs, garante d'une lucidité supérieure. Avec son acuité intellectuelle remarquable, Jean-François Revel dénonce ce paradoxe dans *La Connaissance inutile* :

« Ce que l'on appelle le journalisme d'investigation, loué comme l'exemple même du courage et de l'intransigeance, obéit dans une large mesure à des mobiles que ne dicte pas toujours le culte désintéressé de l'information, celle-ci fût-elle vraie… »

Il continue :

« On met en relief un dossier parce qu'il est susceptible par exemple de détruire un homme d'État et non pour son importance intrinsèque ; on néglige ou on minimise tel autre dossier, d'infiniment plus de conséquences pour l'intérêt général mais dénué d'utilité personnelle ou partisane à court terme. »

Puis il nous met devant nos responsabilités :

« On doit se garder d'incriminer des journalistes. Si un trop petit nombre d'entre eux servent réellement l'idéal théorique de leur profession c'est que le public ne les y incite guère ; et c'est donc dans le public, en chacun de nous, qu'il faut chercher la cause de la suprématie des journalistes peu compétents ou peu scrupuleux. L'offre s'explique par la demande. »

On doit reconnaître que si les professionnels du commentaire politique « à chaud » sont souvent médiocres, se sont installés dans le paysage médiatique de redoutables enquêteurs qui fouinent avec détermination dans les moindres recoins d'un dossier. J'ai vu en effet durant mes trente ans d'exercice de la vie politique le paysage médiatique se transformer radicalement. Réseaux sociaux, chaînes d'info, envahissement de l'audiovisuel par l'infotainment, ce mélange insidieux où un ministre tente de faire passer son message entre un concurrent de « The Voice » et une starlette de la téléréalité, amuseurs et imitateurs traités comme des éditorialistes, quasi-disparition des grandes émissions de débat, Internet, plates-formes de streaming, etc. Cependant, la presse quotidienne régionale s'est étiolée, regroupée, et je songe au temps béni où à Angers trois quotidiens indépendants animaient l'actualité locale. La presse nationale ne se porte guère mieux. J'ai vécu ces révolutions comme une souffrance, tentant de les dompter ou de m'y adapter par la distance, l'humour et le refus d'exposer ma vie privée.

## *Conseil de vie privée*

Aujourd'hui encore, j'essaie d'analyser ce qui m'a valu un traitement particulier, fait de clichés simplistes, de moqueries faciles et de mises en cause récurrentes. J'en suis certainement en partie responsable. Parce que j'ai enregistré certaines déconvenues, mais aussi parce que j'ai observé les mésaventures de beaucoup de mes compagnons de route, j'aimerais éviter quelques impairs aux inconscients qui seraient tentés par les fonctions électives.

Première injonction formelle : ne jamais exposer sa famille et ses proches. Il faut impérativement les protéger, car vous ferez l'objet d'attaques d'une violence inouïe mais heureusement compensées par des satisfactions en termes d'estime de soi et de sentiment d'utilité sociale. Vos pauvres proches, eux, n'ont sur les épaules que le sac de pierres que vous y avez posé. Certaines personnes qui vous parleront avec révérence et componction n'hésiteront pas à vous brocarder quand ils parleront à vos enfants ou à vos amis. Des lâches se vengeront sur eux d'une subvention refusée ou d'une loi votée par vous qui ne leur convient pas. Ce qui m'a le plus fait souffrir, quand mon fils a été battu par un enseignant qui ne partageait pas mes idées, est bien que j'aie mis des mois à m'en apercevoir, car le gamin pensait que révéler ce calvaire ne ferait qu'augmenter ses souffrances. J'ai été contrainte de le changer d'école. Par précaution, plus tard, son épouse a travaillé dans un établissement public sous son nom de jeune fille pour éviter d'être repérée et donc stigmatisée. Les imbéciles qui croient que le fait d'être le parent ou l'ami d'un politique vous vaut de quelconques avantages se trompent, c'est tout le contraire.

Se protéger soi et sa famille en proscrivant tout reportage photographique dans son logement est indispensable. Chaque cliché fera l'objet d'un décorticage minutieux, les bibelots seront évalués, les livres analysés, la décoration moquée. Évitez le ridicule de vous montrer cuisinant ou tondant la pelouse croyant, pauvre naïf, que cela vous rapprochera de Mme Michu. Mme Michu qui n'est pas bête pensera que c'est une mise en scène et elle aura sans doute raison. Vous aurez d'autant plus de difficultés à renoncer à cette exposition que vous serez harcelé par les médias et bien souvent par vos propres conseillers en communication. J'ai ainsi accepté à mon arrivée au ministère de l'Écologie en 2002 un reportage de *Match* sur mon lieu de vacances me montrant vautrée mollement sur un canapé, ce qui m'a causé un tort considérable. Cette publication s'est même fait une spécialité de photos ridiculisant durablement leur sujet. Je vous recommande Nathalie Kosciusko-Morizet en Ophélie au pied d'une harpe dans son jardin, ou ma pomme et Laurence Ferrari à califourchon sur la statue d'un éléphant au Jardin d'acclimatation.

Mais l'Oscar revient sans conteste à un article sur Christine Boutin agrémenté d'un cliché où la malheureuse se fait shampouiner chez son coiffeur, situation particulièrement valorisante comme chacun sait. Sans compter que le fourbe journaliste s'était arrangé pour photographier son mari Louis, grand chasseur devant l'Éternel, juste en dessous du trophée d'un dix-cors, le montrant ainsi la tête ornée d'attributs particulièrement contestables pour l'époux d'une personnalité prônant la fidélité conjugale… La malheureuse semblait néanmoins très contente puisqu'elle m'avait annoncé revisiter sa stratégie de construction d'image et, lors d'une délocalisation d'un Conseil des ministres à Strasbourg, me montra le papier avec satisfaction, d'autant que le journal, décidément en veine, avait titré : « Christine Boutin : "J'adore faire l'amour !" »

J'ai été obligée de m'enfuir dans les toilettes, prise d'un fou rire inextinguible.

### *« Ne jamais communiquer en état de faiblesse »*

Éviter cette communication dangereuse répond également à une précaution élémentaire tant les rapports de couple deviennent éphémères. Discutant un jour avec un groupe de jeunes parlementaires, je les avais prévenus qu'au moins le quart d'entre eux aurait changé de conjoint d'ici à la fin de leur mandat et que tout affichage par trop démonstratif risquait de se heurter au mur des fragilités affectives. Ayant ainsi étalé *urbi et orbi* un bonheur familial enfui, vous serez contraint d'annoncer officiellement qu'il a volé en éclats.

Pour autant, la tentation d'amadouer une opinion publique éruptive par des images sympathiques peut être forte. C'est ainsi qu'en 2003, je fis l'objet sur l'antenne d'Europe 1 d'attaques sexistes particulièrement grossières de la part d'un histrion du nom de Christophe Alévêque. Le même s'illustra par la suite en dénonçant les mesures de précaution que j'avais prises lors de la pandémie de 2009 et en exigeant ma démission… Cette affaire qui fit la première page du *Figaro* et une page entière dans *Le Monde* causa chez moi un tel choc que je fus brièvement hospitalisée au Val-de-Grâce.

À peine remise, je vois débouler dans mon bureau Dominique Ambiel, le communicant de Jean-Pierre Raffarin, qui vient m'exprimer sa sympathie et ses conseils. Pour lui, il s'agit de restaurer mon image à l'évidence amochée par cette crapoteuse polémique. Au passage, il est toujours choquant de constater que ce sont les victimes qui se voient contraintes de se justifier et non leurs agresseurs. Comme pour un viol – et d'une certaine façon cette attaque en était un –, derrière une compassion paternaliste, votre interlocuteur vous somme insidieusement de vous justifier : et si finalement votre manière de vous comporter ne vous avait pas exposé à ce genre de désagrément ? Ne serait-il pas temps de vous habiller autrement, de rire autrement, de parler autrement, d'être autrement ? C'est en creux ce que me dit le conseiller du Premier ministre, et d'ailleurs, il a une idée géniale :

« Dis donc, tu viens d'avoir un petit-fils ? »

Interloquée, j'essaie de comprendre ce que l'adorable Corentin, âgé de quelques semaines, vient faire dans ce bourbier malodorant.

« On va demander au *Figaro Madame* de faire un joli reportage avec lui. Tu vas te poser en mamie et ça, dans notre électorat, ça va complètement te réhabiliter ! »

Me réhabiliter ? Mais comment donc ! J'ai besoin d'être « réhabilitée » ? Heureusement qu'une répugnance viscérale me fait éconduire gentiment mon visiteur, mais on imagine sans peine les bêtises médiatiques qu'un état de fragilité psychologique peut vous mener à faire. Les journalistes d'ailleurs adorent ces moments de détresse où votre garde s'affaisse. La calamiteuse interview d'Agnès Buzyn dans *Le Monde* le lendemain du premier tour des municipales de mars 2020 en est la démonstration. Mise KO par son mauvais score électoral, attaquée injustement sur sa gestion de l'épidémie de coronavirus, l'ancienne ministre, en larmes, craque, tente de se justifier par des propos qui lui sont *in fine* gravement préjudiciables. Elle mettra plusieurs mois à se remettre de cette injustice et racontera ce qui s'assimile à un véritable complot politico-médiatique dans un livre remarquable, documenté et référencé. Après une défaite, un échec, un divorce, un deuil, une maladie, refusez tout contact avec la presse. Ne croyez jamais à sa pitié : au contraire, elle utilisera votre faiblesse pour vous tuer.

Toutefois, même les plus aguerris et les plus méfiants peuvent se faire piéger. La presse people est à cet égard redoutable. Elle l'est d'autant plus qu'aux côtés des paparazzi stipendiés, chasseurs de situations compromettantes ou dévalorisantes, sévit tout le petit peuple de ceux qu'on appelle les « snaparazzi », monsieur ou madame Tout-le-monde qui vous coincera sans même que vous vous en aperceviez et revendra son cliché aux gazettes. C'est ainsi que la seule et unique fois où je suis allée, un jour de canicule, dans un parc faire ma séance de sport m'a valu deux pages dans *Closer*. Évidemment, les photos y étaient particulièrement disgracieuses. Il convient donc d'instaurer une stratégie totalement paranoïaque : ne fréquenter aucune plage ou autres lieux en maillot de bain, éviter les thalassothérapies où les malveillants vous surprendront en peignoir, fuir les hôtels un tant soit peu luxueux qui vous vaudront des procès médiatiques en mauvaise et due forme. Chaque fois que je sors pour prendre un verre ou faire une course sur mon lieu de vacances, un proche est chargé de la surveillance. La moindre tentative de photo volée est cernée avec bonhomie. Mon préposé bénévole s'approche du « reporter » et lui dit gentiment :

« Vous voulez sans doute que je vous prenne en photo avec Roselyne ? »

Le passant ne peut refuser et cela évite le cliché volontairement flouté avec une légende du type :

« Au Crouesty, un nouvel amour pour Roselyne Bachelot »...

Mais ce genre de presse peut aussi carrément faire litière d'un minimum de vérité. C'est ainsi que, toujours dans *Closer*, un titre racoleur proclamait : « Roselyne Bachelot, folle amoureuse d'un chirurgien angevin ». L'article suscita une véritable chasse à l'homme sur Angers ; mes copains se demandèrent pourquoi je leur avais caché cette *love affair* et surtout qui était l'infortuné objet de ma passion. En fait, aucun chirurgien dans mon radar amoureux ! Par contre, le véritable bénéficiaire de mon attachement répondit au téléphone le matin de la parution du magazine pour entendre une voix anonyme lui assener : « Alors, connard, t'es cocu ! »

Plus grave. Sollicitée par une de ces revues pour un reportage intimiste, je refuse. Stupéfaction : quelques semaines après, un reportage paraît. Le montage est remarquable, photos en extérieur qui semblent prises dans mon jardin, portrait avec mon père qui témoignerait d'une visite en fait inexistante dans la demeure familiale, mais surtout l'article fait état d'une relation avec un homme dont je suis séparée depuis plusieurs années ! J'imagine la tête de l'épouse, lisant chez le coiffeur que son homme vit avec moi... Lorsque, furieuse, je téléphone à la « journaliste » auteure du texte, je m'attire cette réplique insensée : « Vous n'aviez qu'à accepter de me recevoir. Vous auriez pu ainsi relire et rectifier ! »

La manipulation photographique peut relever hélas de la presse la plus sérieuse. Une zone de chasse particulièrement prometteuse est bien la séance des questions au gouvernement. Vous fermez les yeux pour vous concentrer avant de répondre à une interpellation, c'est que vous dormez pendant l'allocution du Premier ministre ; vous levez les yeux au ciel pour détecter l'auteur d'un lazzi, c'est que vous êtes exaspéré par un collègue ; vous souriez à un député qui vous salue, c'est que vous vous moquez de l'orateur qui s'exprime à la tribune, etc., etc. La plus cruelle manipulation me fut faite dans *Libération*. Une photo de sortie du Conseil des ministres prise au téléobjectif me montre hilare avec un groupe de collègues ; vraiment nous avons l'air de joyeux drilles en goguette. Je ne sais comment le photographe put saisir cet instant fugace d'un rictus qui n'avait rien de jubilatoire. Pour cause, c'était le jour de la mort de mon père. Quand j'ouvris ce journal le lendemain, j'eus le sentiment qu'on me faisait cracher sur sa tombe.

Toutes ces calembredaines sont certes de peu d'importance si vous avez un entourage confiant et loyal et suscitent même parfois de bons fous rires. Mais on imagine les dégâts possibles quand le stress et les corvées de la vie publique fragilisent déjà les relations familiales...

Plus sérieusement, trente ans de politique font affronter des pièges bien plus complexes.

## *L'enfer des matinales*

Une des épreuves les plus redoutables est assurément l'interview du « matinalier ». De Jean-Jacques Bourdin à Léa Salamé, de Jean-Michel Aphatie en son temps à Élizabeth Martichoux, en passant par Jean-Pierre Elkabbach, Nicolas Demorand, Patrick Cohen et quelques autres, je les ai tous affrontés. L'entretien se déroule dans un feu roulant de questions-affirmations. L'affaire ne durant que quelques minutes, il est rigoureusement impossible de développer un raisonnement un tant soit peu complexe, sauf à se voir reprocher – péché mortel – de faire un « tunnel ». Les coups de poing se succèdent, particulièrement propices, spécialité en particulier de Jean-Jacques Bourdin, à la question à deux balles, que ce soient le prix du ticket de métro à Nathalie Kosciusko-Morizet, le nombre de sous-marins nucléaires à Ségolène Royal ou les possibilités de reconduction d'un CDD à Myriam El Khomri.

À ce propos, il convient de signaler un phénomène cérébral récurrent en interview. Sous l'effet du stress, un blocage vous empêche de trouver une réponse que pourtant vous connaissez parfaitement. Vous savez que vous savez, mais un voile noir augmente votre détresse et votre humiliation, et plus vous tentez de retrouver vos esprits, plus cet « effort converti » vous paralyse. Le quiz dont raffolent certains animateurs est à cet égard extrêmement dangereux. C'est ainsi que dans la délicieuse émission de Jean-François Zygel « La Boîte à musique », me voilà soumise à l'épreuve de reconnaître des airs qui sont autant de tubes, et je bute... sur « Casta Diva » ! Moi, Roselyne Bachelot, éditorialiste sur France Musique et Forum Opéra, je me plante sur l'inoxydable aria de *Norma* de Bellini que même les plus intolérants à la musique classique peuvent identifier, tant il a servi à illustrer de pubs pour des bagnoles, des sent-bon ou des nouilles ! Je mets plusieurs secondes à me rétablir, aidée d'ailleurs subrepticement par la bienveillance de Jean-François. C'est immédiatement l'hallali des réseaux sociaux sur le mode : « Cette grosse conne de Bachelot qui nous berlure en soutenant qu'elle connaît l'opéra, c'est plutôt l'apéro dont elle est spécialiste, tu parles d'une andouille... » La même mésaventure est d'ailleurs arrivée à Stéphane Lissner, le directeur de l'Opéra de Paris. Interrogé par Hedwige Chevrillon sur BFM Business, il ne reconnaît pas *La Force du destin* et *Tosca* qu'il a entendus certainement des centaines de fois vu son pedigree de patron du Festival d'Aix-en-Provence, du Châtelet ou de la Scala de Milan. Il se fait moquer très injustement par l'ensemble de la lyricosphère, peu encline à l'indulgence et qu'on eût aimé voir dans l'exercice. Si vous-même êtes confronté à ce genre d'épreuve *ex abrupto*, et si vous êtes très sûr de vous, méfiez-vous, même les cadors trébuchent ; mieux, jouez plutôt la sécurité en refusant de passer un examen même si vous connaissez la réponse.

Puis, vers la fin, vous jetterez négligemment la réponse à votre bourreau… Repassez-vous en boucle le débat où Giscard d'Estaing tente de cornériser Mitterrand sur le cours du mark et vous aurez la clé pour vous en sortir : « Monsieur ou madame X, je ne suis pas votre élève et vous n'êtes pas mon professeur… »

La précaution cardinale est de ne pas affronter l'interview matinale avant plusieurs semaines d'exercice du poste et plusieurs media-trainings. J'ai commis cette erreur en acceptant la matinale de France Inter le lendemain de ma prise de fonctions au ministère de l'Écologie, et là, faute inexpiable, je défends l'énergie nucléaire ! Quelle gourde. Bien sûr que j'ai raison sur le fond et que de plus cela correspond à la politique énergétique du gouvernement auquel je participe. Mais si je m'en étais abstenue, trois semaines après j'aurais évité les mises au pilori que j'ai essuyées. Je me serais coulée dans le moule du politiquement correct qui veut que le ministre en charge de l'environnement, les mains jointes et les yeux baissés, le visage tordu par un rictus de souffrance, concède que la part du nucléaire dans le paquet énergétique doit être réduite de façon drastique et que le développement des énergies renouvelables est une feuille de route irréfragable. À dire vrai, seul Alain Juppé, dans la majorité d'alors, me défendit. Quant à Jacques Chirac, il se réfugia dans un silence assourdissant, tout emmêlé qu'il était dans ses convictions de nouveau converti à l'écologie. Bon, tout cela n'allait pas durer.

Il existe plusieurs moments cruciaux dans l'interview matinale. Règle de base : plus l'entretien est court, plus il doit être préparé. Churchill disait : « Quand je parle pendant cinq heures, je prépare pendant cinq minutes, quand je parle pendant cinq minutes, je prépare pendant cinq heures. » Ensuite, ne venez jamais seul et arrivez en avance. Vous obtiendrez de précieux renseignements sur l'anglage de l'actualité qui conditionnera forcément celui de l'interviewer. Votre collaborateur pourra collecter l'info, retrouver sur Internet ou auprès de votre cabinet le renseignement manquant dans le dossier.

N'oubliez jamais que depuis une quinzaine d'années, toutes les interviews radio sont filmées. Fini le bon temps où l'on arrivait à RTL à la fine pointe de l'aube, les cheveux en pétard, sans maquillage et quasiment en pyjama. Le problème est qu'il n'y a dans les radios, contrairement aux chaînes de télévision, ni coiffeur ni maquilleur et qu'il faudra assumer seul cette mise en forme, d'autant que les webcams assorties d'une lumière abominable renvoient une image peu flatteuse. Le corollaire sera qu'il ne faudra jamais oublier par la suite cette foutue webcam. Pour regarder tous les jours les interviews matinales des ténors politiques, je suis abasourdie de voir ceux et celles qui ont oublié de se peigner ou de se raser, ont gardé leur manteau ou leur grosse écharpe, se curent le nez ou glissent des sourires sardoniques ou déplacés. C'est ainsi qu'un matin, alors que je suis interrogée par Aphatie sur l'accueil hivernal des SDF, Laurent Gerra entre dans le studio et fait le clown. J'ai du mal à contenir mon rire devant ses mimiques, et la réaction est imparable, sur le thème : « La misère la fait bien rigoler, cette bourge, et les pauvres, elle n'en a rien à cirer... »

C'est aussi à ce moment que se situe un point délicat : la plupart des matinales ont acquis les services d'un humoriste plus ou moins talentueux qui vous met en boîte quand il ne dresse pas de vous un portrait dérangeant. L'exaspération, le chagrin, l'humiliation sont au rendez-vous, vous désarçonnant et vous décrédibilisant. Ces matins-là, je ne pouvais m'empêcher de penser au pauvre clown de Leoncavallo, à bout de désespoir, qui monte sur scène et chante « *Ridi Pagliaccio e ognun applaudirà* », « Ris Paillasse et tous applaudiront ». On peut se demander comment se comporteraient certaines stars des matinales si avant chacune de leurs prestations un guignol leur faisait la peau. Voilà qui serait amusant.

Mais le moment le plus dangereux se situe à la fin de l'entretien. Telles les portes d'un slalom, vous avez franchi tous les obstacles, l'épreuve est un succès, vous respirez et relâchez votre garde, et là, paf, un bourre-pif en pleine paix :

« Roselyne Bachelot, le président de la République porte-t-il un appareil auditif ? »

Depuis des semaines, le monde politique ne parle que du sonotone qui orne les oreilles de Jacques Chirac. Moi-même, siégeant au Conseil des ministres à un mètre de lui, je l'ai parfaitement distingué. Mon compteur s'affole : assurer que non et passer pour une pauvre imbécile doublée d'une menteuse, ou avouer et encourir les foudres de Mme Chirac qui, pour préserver les chances de son mari à un troisième mandat présidentiel, déploie toutes les manœuvres imaginables auprès de la presse ? Il n'y a pas de bonne solution et je suis ventilée façon puzzle en répondant à Jean-Michel Aphatie : « Il me semble que oui… »

La suite est connue de beaucoup et la journée qui s'enchaîne est une sorte de mauvaise comédie où chacun, après moi, se prend les pieds dans le tapis qu'ils et elles ont eux-mêmes tressé par leurs mensonges dans un brouhaha médiatique qui solde mon destin de ministre de l'Écologie quelques mois plus tard. Ce qui est certain en l'occurrence est qu'une question pareille posée en début d'interview eût été repoussée d'un revers dédaigneux par un interlocuteur sur ses gardes : « Monsieur Aphatie, soyons sérieux un moment, je suis venue pour faire le point sur les travaux de la Charte de l'environnement ! »

Et hop, passez muscade…

Posée sur le mode « un petit dernier pour la route », elle vous laisse pantelant et désarçonné.

Vous n'êtes pas au bout de vos peines car surgit l'*after*. Sous le couvert de jouer les bonasses, l'éditorialiste, l'interviewer, le chef du service politique vous prient à prendre le café et les croissants. Tout cela bien sûr est réputé informel. Tout joyeux d'avoir réussi votre examen matinal, vous engloutissez les viennoiseries et lâchez quelques vilenies, histoire de montrer à ce joli monde que « à vous, on ne la fait pas ». Caramba, encore raté. Fuyez ce champ de mines à retardement avant de retrouver dans *Le Canard enchaîné* ou dans les « Indiscrets » des hebdomadaires le *gossip* sulfureux qui a suscité les rires de connivence de la tablée et qui vous coûtera peut-être votre poste. La même prudence vaut d'ailleurs pour les invitations à déjeuner lancées par des groupes de journalistes qui se partagent ainsi les frais, ou celles lancées par vous de déjeuners ou de dîners de presse. À tout le moins, ayez toujours avec vous un collaborateur qui pourra vous donner l'alerte ou passer le coup de fil de rectification d'une imprudence. Toutefois, après trente ans de vie publique, j'ai acquis une certitude : tout petit déjeuner, déjeuner, dîner avec un ou des journalistes doit être proscrit. Moins on mange avec eux, mieux on se porte. C'est d'ailleurs la meilleure façon de les respecter et d'honorer le principe qu'on n'achète jamais personne par une bouffe. Un café, passe encore, mais c'est le maximum !

## *La titraille, quelle pagaille...*

Autre exercice plus facile mais tout aussi piégeux, celui du « grand entretien » dans la presse écrite. Il peut revêtir deux aspects : soit il s'agit vraiment d'une interview et vous pouvez exiger une relecture. Attention, ne faites pas comme certains qui réécrivent entièrement le papier, ce qui est vraiment incorrect. Il doit s'agir d'une simple vérification qui rectifie certaines erreurs commises dans le feu de l'action ou certaines incompréhensions sur des sujets par trop techniques. Ainsi, une journaliste de *Match* avait traduit « EnR » par « énergies non renouvelables » et non comme il convient par « énergies renouvelables », et c'est moi qu'on accusa d'ignorance.

Le danger peut survenir sous trois formes, le moins grave étant une photo immonde qui vous gâche le moral. Dans l'ordre ascendant des désagréments, on note le chapô condescendant qui va décrédibiliser complètement un entretien par ailleurs fidèlement retranscrit. Il vaut cent fois mieux un commentaire polémique et agressif qui relève du débat d'idées que ces pseudo-gentillesses sucrées, décrivant vos toilettes ou votre bureau. Mais le plus pernicieux est bien ce que les spécialistes appellent la « titraille ». D'ailleurs cet exercice – qui consiste à écrire le titre, les intertitres, les légendes des photos – est un métier à part, et le titre n'est pas du ressort de l'auteur de l'article. Vous aurez beau avoir demandé une relecture, vous n'avez pas de droit de regard sur la titraille, et celle-ci peut complètement détourner le sens de vos propos. C'est ainsi que le titre d'une interview effectuée par Cécile Cornudet disait exactement l'inverse de ce que j'annonçais dans le corps du texte. Cécile Cornudet s'en excusa auprès de moi, faisant valoir qu'effectivement, elle n'en était pas responsable. Trop tard, le mal était fait. Je ne demandai même pas une rectification qui aurait occupé quelques caractères microscopiques alors que le titre fallacieux barrait en gras tout le haut d'une page.

Ma successeure Rima Abdul Malak, un mois après son entrée en fonctions au ministère de la Culture, donne une interview substantielle et charpentée sur ses objectifs au *Parisien*. Aucune faute de carre. Le papier – c'est visible – a été relu et vérifié, sauf que le titre s'étale en gras : « J'ai très envie de me rendre au Hellfest ». Une balle entre les deux yeux : le titre décrédibilise l'entretien et la fait passer pour une écervelée. Les éditions postérieures vont changer la titraille, mais trop tard, le mal est fait.

Toutes ces errances se retrouvent dans un autre type de « grand papier » genre portrait. Là, vous ne pouvez exiger de relecture même si certaines citations qui apparaissent « en italique » sont reprises.

Un classique de ces « portraits » est d'aller interroger des proches, parents, collègues ou amis. Si vous êtes sollicité pour ce genre d'exercice, refusez. Refusez car ce qui intéresse votre solliciteur, c'est le détail croustillant sur la vie privée ou l'anecdote un peu dévalorisante. Même si le sujet du portrait vous le demande comme un service, abstenez-vous, c'est plus prudent. L'équipe qui enquête peut parfois interroger des dizaines de personnes pour trouver le ou la copine qui lâchera par imprudence un propos un peu acide. J'ai essuyé les plâtres d'une émission de Canal+ appelée « Dimanche+ ». Alors que je suis un peu à l'écart, dans le hall du siège de l'UMP installé à l'époque rue La Boétie, je vois débouler une équipe de la chaîne cryptée. Elle interpelle au vol les « chapeaux à plumes » qui sortent d'un bureau exécutif et leur demande ce qu'ils pensent de moi. Prudents, mes collègues tiennent des propos qui, à défaut d'être sincères, sont fort aimables. Un seul se lâche, sur le mode ironique, Patrick Devedjian. Je ne lui en veux pas, Patrick faisait partie de ces gens qui préfèrent perdre un ami que rater un bon mot. Certains sont devenus légendaires, comme celui prononcé lors de la dissolution de 1997 : « Il y avait une fuite de gaz dans l'appartement, pour y voir clair, le président a décidé de craquer une allumette… » Toujours d'actualité.

Seulement, quand, en préambule de l'émission, une séquence décrivit mon parcours, le seul commentaire retenu dans le montage était le sien, et Laurence Ferrari enchaîna en concluant : « Dites-moi, vos amis ne vous aiment pas beaucoup ! » Ayant assisté subrepticement à la prise de vues, je pus rectifier et ainsi dénoncer l'angle pervers, mais absente lors du tournage, j'aurais été totalement crucifiée.

Autres lieux de tous les dangers, les meetings et réunions ouvertes au public. On se fait gauler en rigolant avec un copain pour conjurer l'ennui puissant suscité par le discours verbeux d'un élu qui a oublié qu'en cinq minutes, tu remues les cœurs et en quinze minutes, tu es sûr de remuer les chaises. Des micros se tendent pour surprendre les conversations, des caméras filment au loin puis font lire ensuite sur les lèvres.

Le sommet de la déviance fut atteint en juin 2004 dans un portrait illustrant la campagne électorale pour les élections européennes ; je conduisais la liste UMP dans la circonscription du Grand Ouest. La journaliste qui se présentait pourtant comme féministe et avait même – c'est un comble – écrit un livre sur les avanies sexistes dont font l'objet les femmes politiques avait demandé de m'accompagner dans ma voiture pour une journée de campagne. Nos pas nous avaient portées en Bretagne : visite d'une ferme d'élevage, déjeuner-débat sur la PAC avec des syndicalistes agricoles, rencontre avec des pêcheurs puis avec des élus associatifs, périple se terminant par une conserverie de plats préparés et un grand meeting. Journée harassante qui avait vu la voiture quitter mon domicile angevin à 5 heures du matin et le regagner vingt heures plus tard. Allez, comme Modeste n'est pas mon second prénom, j'avoue que je ne m'étais pas mal sortie de tous ces dossiers hyper-techniques et que l'accueil de mes interlocuteurs avait été particulièrement chaleureux, mes origines bretonnes y étant sans doute pour beaucoup.

Le portrait paru quelques jours après était abominable. Il n'était pas malveillant, c'était pire. Profitant de l'hospitalité offerte dans mon véhicule, l'interviewense avait noté la marque des produits de ma trousse de toilette, la tenue de rechange, le remaquillage effectué entre les arrêts. Pas un mot sur les dossiers évoqués. Ah si, pardon, une phrase : « Lors d'une discussion sur les quotas laitiers », puis entre parenthèses « elle s'y connaît ». Notez les parenthèses, façon subliminale et puissante de reléguer ma connaissance des dossiers à l'accessoire. Puis elle enchaînait sur la couleur de mes tailleurs. Pour illustrer le propos, elle avait choisi une photo grotesque lors d'une visite dans une conserverie où j'étais méconnaissable avec masque et charlotte dévoilant tout juste les yeux.

Lors d'une rencontre ultérieure, la donzelle vint vers moi, toute souriante, me demandant si j'étais contente de l'article. Non moins souriante, je la remerciai et l'assurai qu'une grande carrière de vendeuse chez Sephora l'attendait. Là, je me trompais lourdement : elle écume maintenant tous les plateaux où se croisent les éditorialistes politiques. On me rapporte qu'elle y bénéficie d'une grande considération…

### *Le calvaire des émissions d'investig…*

Mais l'épreuve médiatique que j'ai décrite n'est r… comparée à ce qui vous attend quand vous êtes dans le collimateur d'une de ces fameuses émissions d'investigation. Il faut bien comprendre que le but est sans doute de décortiquer des dossiers scabreux, et d'ailleurs parfois ces émissions y parviennent. Mais à défaut de trouver les coupables, ce qui demande des procédures qui relèvent de la police et de la justice, il convient d'en présenter les protagonistes comme de possibles criminels. Pour cela, j'ai repéré trois « trucs » de tournage quasiment systématiques.

Un moment de fragilité est bien celui de l'interview matinale. Celle-ci étant annoncée, il est facile de coincer la victime à la sortie des studios. L'idéal est bien entendu que l'« interpellation » – car c'en est une – se déroule alors que le jour n'est pas encore levé, donnant à la scène une atmosphère fantomatique. Pour un peu, on se croirait dans un polar à la Melville ! La personne ainsi alpaguée se demande ce qui lui arrive, tente d'échapper à ses harceleurs, d'autant qu'en général une salve de rendez-vous l'attend et qu'elle est déjà en retard. La pénombre et l'image de fuite suffisent à donner l'aspect espéré, celui d'un malhonnête qui tente d'échapper à la caméra justicière. C'est bon, coco, c'est dans la boîte… L'image est encore meilleure si vous arrivez à coincer votre victime au moment où elle participe à un congrès ou à une assemblée générale par exemple. Alors que le bonhomme gagne l'estrade, le ou la journaliste surgit, fait semblant de courir pour rester au niveau de l'interviewé. Là encore, succès garanti, le type est cuit tant l'image joue contre lui.

Évidemment, la bonne stratégie est de s'arrêter deux minutes, d'indiquer qu'il est impossible de répondre efficacement dans ces conditions et que vous invitez l'équipe de l'émission dans les trente-six heures qui viennent. Vous pouvez ensuite vous défiler – je ne vous le conseille pas, on saura vous retrouver. Pour autant, les malheurs sont loin d'être finis. En fait, l'entretien n'est pas une interview mais un interrogatoire totalement à charge. La même question est répétée inlassablement ; là encore, l'analogie avec les inusables scènes de commissariat est criante : nom, prénom, adresse, « Vous étiez où le 23 janvier 1953 à 22 heures »… Le but est clair : vous faire perdre votre sang-froid et mieux vous mettre en colère.

C'est ce qui m'est arrivé lorsque l'on m'a demandé de me justifier sur une subvention assez modeste accordée à un établissement hospitalier dans le cadre du plan Hôpital 2012. J'ai déjà quitté la carrière politique et je ne vois alors aucun inconvénient à parler d'un dossier qui ne souffre d'aucune polémique. Mal m'en prend. Aussitôt assise dans la salle d'interrogatoire, pardon, dans le salon d'un hôtel parisien, le feu roulant du soupçon s'abat sur moi : l'établissement en question est situé dans la circonscription d'Alain Marleix, député UMP du Cantal. Le but est simple : me faire avouer qu'il s'agissait d'un financement de complaisance et de faveur sans aucune justification médicale. Ayant rafraîchi auparavant ma connaissance du dossier auprès de la Direction générale de la santé, je déroule les éléments de ma décision. Sans arrêt, pendant plus d'une heure, le harcèlement s'intensifie. À la fin, j'explose et quitte, furieuse, le lieu de mon supplice.

À peine montée dans le taxi, une illumination… Je me ravise, retourne sur les lieux, avance à pas de loup et entends cet échange édifiant :

« Bon, coco, c'est dans la boîte…

— Oui, sa sortie, ce sera super ! »

Je rentre sous le regard éberlué de mes tortionnaires, me rassieds et, très calme :

« Mesdames, messieurs, je suis à vous : ça peut durer toute la nuit si vous le souhaitez. »

Les lascars n'en mènent pas large. Ils bredouillent que tout va bien. Alors que je m'en vais, un technicien me rattrape dans le couloir et murmure :

« Vous savez, on y est allés là-bas, ils font du sacré bon boulot, ça méritait vraiment d'y faire des travaux. »

Quand l'émission a été diffusée, le sujet et l'interview avaient été entièrement coupés.

Le comble fut certainement l'interview par Élise Lucet sur ma gestion de la pandémie de grippe A (H1N1).

Passée en boucle sur toutes les chaînes de télévision, elle démontre comment l'interview ne cherche pas à comprendre mais à humilier et à accuser. Tout cela aurait été oublié si la terrible crise du coronavirus n'avait rendu justice à ma politique de prévention et de précaution. Entendre Mme Lucet me demander « si je peux encore me regarder dans une glace » puis continuer en assurant que mes décisions ont eu pour but « d'enrichir les labos » est une souffrance absolue. Pendant dix ans, je n'ai pu y échapper que grâce à un phénomène bien connu d'amnésie traumatique. Certains me disent que j'ai obtenu ma revanche, c'est faux. Revivre cette abomination enfonce à nouveau une lame dans une plaie ouverte.

C'est drôle, la vie… Je suis maintenant de l'autre côté du miroir et je regarde les politiques cloués au mur par les médias comme des papillons transpercés par les aiguilles des entomologistes, et je me demande comment on peut encore se battre pour supporter de pareilles horreurs.

## *Pauvres journalistes !*

Dans le champ de la réflexion sur ces thèmes, un certain nombre de philosophes et d'historiens font autorité, même et surtout si leurs travaux ont été source de polémiques. Sans se livrer à un exercice exhaustif accablant, on peut citer les cours incontournables de Pierre Bourdieu au Collège de France, *Sur la télévision* et *L'Emprise du journalisme*, puisqu'il a le premier théorisé le concept de connivence, Serge Halimi et *Les Nouveaux Chiens de garde*, description sans concession de l'hégémonie de quelques présentateurs omniprésents et gardiens de la bienséance journalistique, et François Ruffin avec *Les Petits Soldats du journalisme*, qui décrivent la paupérisation massive d'une profession qui n'a plus les moyens d'exercer son métier.

Tous ces phénomènes sont la cause d'un dénigrement et d'une contestation de la fonction de journaliste. Il faut dire que l'on est assez stupéfait de voir qu'un métier aussi exigeant ne requiert aucune qualification préalable et que pour obtenir sa carte professionnelle il suffit d'attester trois mois d'activité journalistique et d'en tirer au moins 50 % de ses revenus. Cela ne veut pas dire qu'il n'y a pas de grandes signatures éditoriales, mais dès l'étage inférieur on est atterré par l'absence de culture générale et de connaissances de base. Si vous y ajoutez la coupe sombre dans les fonctions support, tels les documentaristes, les équipes anémiques où le stagiaire remplace le titulaire malade et même le côté bonne à tout faire du JRI (journaliste reporter d'images) qui traîne la caméra, tend le micro, propose de repoudrer le nez de l'interviewé puis pose sa question, ce qui, vous l'avouerez, ne facilite pas la tâche…

### *Chirac à l'aise puis empêtré*

Comment se sont déplacés et se déplacent mes trois présidents dans ce champ de mines ? Ils ont chacun sa stratégie : Jacques Chirac a choisi de s'enfermer dans un fortin de plus en plus claquemuré, Nicolas Sarkozy lui s'est déployé en conquérant sûr de sa force et Emmanuel Macron en charmeur persuadé de son intelligence. Le verrouillage, l'agressivité et la séduction sont les trois volets classiques des rapports des politiques avec la presse. Le mieux est d'utiliser les trois leviers, mais inévitablement le caractère reprend le dessus.

On est frappé de voir l'aisance de Chirac, sa gaieté, son humour, sa pugnacité dans les années qui précédèrent son élection à la présidence de la République, son alacrité contre Fabius qu'il traite de « roquet » en 1985 et surtout son punch amusé dans le débat avec Michel Field en 1995. Certes il s'était comme éteint en 1988 dans le débat contre François Mitterrand sous l'effet d'un stress compréhensible, mais il reprit ses esprits par la suite. Après son élection à la présidence de la République, une sorte de voile enveloppa sa communication et son entourage petit à petit l'enferma dans une stratégie cloîtrée.

En 2002, quand je le retrouve quelques semaines après sa réélection, comme ministre de l'Écologie au Sommet de la Terre à Johannesburg, il est l'ombre de lui-même. Aucun contact informel avec les journalistes, la conférence de presse est un exercice sans aucune spontanéité : le président lit sur des fiches plastifiées des propos convenus et le jeu des questions est réduit au minimum. Dès que les choses paraissent plus pointues, Claude Chirac interrompt l'exercice. Que s'est-il passé ? Crainte de voir le président déraper ? Je pense plutôt que les troubles cognitifs qui apparaissent de façon subliminale et une très grande fatigabilité alertent l'entourage et conduisent à cet emmurement. Sa méfiance naturelle envers les médias a fait le reste. Quand il m'avait demandé d'être sa porte-parole pour la campagne présidentielle de 2002, il avait assorti cela d'une exigence de confidentialité pendant quelques semaines : « Tu n'en parles à personne, même à ton miroir… Sinon ton miroir le répétera aux journalistes ! »

Tout au long de ce second mandat crépusculaire, la lumière de sa fougue légendaire se consuma tragiquement peu à peu.

## *Hollande et Sarkozy si différents*

Par pure bonté d'âme une fois de plus – vous me connaissez –, j'oublierai… un peu le désastre médiatique qu'ont constitué les interviews répétées de François Hollande aux journalistes Gérard Davet et Fabrice Lhomme, exemples parfaits de communication non maîtrisée. Soixante et un – oui, soixante et un ! – entretiens d'au moins une heure, soit un entretien par mois qui conduisent à la parution du fameux *Un président ne devrait pas dire ça*. Une andouille non plus, car le pauvre était persuadé que le duo de journalistes allait entonner ses louanges ! La liste des gaffes est impressionnante, mais juste pour rire, je n'en retiens qu'une, une des plus savoureuses, quand il assure que la Fédération française de football devrait faire suivre à ses joueurs une formation de « musculation du cerveau » ! Le taiseux Zinédine Zidane convint que ces propos étaient dérangeants. Comme quoi les footballeurs, objectivement traités de débiles par le président de la République, savent manier la litote aussi bien que le ballon.

Rien de tel chez Nicolas Sarkozy. Chaque interview est un combat mené avec fougue, souvent brutalité et même parfois férocité. Il sait aussi faire « patte de velours », comme dans la fameuse interview du 26 mai 2005 sur France 3 où il expose avec sensibilité la crise que traverse son couple. Dans le genre hyper-piégeux de l'interview sur des problèmes personnels, c'est un modèle.

La caractéristique de Nicolas Sarkozy est qu'il a toujours su s'entourer de collaborateurs parfaitement loyaux et qui l'ont suivi dans tous les chemins de sa carrière politique. Et n'ont jamais outrepassé leur fonction. Franck Louvrier par exemple, actuellement maire de La Baule, est vraiment le prototype du conseiller en communication : une connaissance absolue des rouages de la politique sans perdre le contact avec le terrain et se laisser enfermer dans la citadelle de l'Élysée, l'anti-Bruno Roger-Petit en quelque sorte, conseiller « mémoire » d'Emmanuel Macron, la caricature de ces hommes de l'ombre, demi-Iago demi-Scapin qui en s'élevant au-dessus de leur condition « tuent » leur maître. À moins qu'ils n'aient inspiré Rantanplan, le chien idiot des Dalton dans *Lucky Luke* qui, pour montrer son affection, pose ses pattes sales sur le complet de son maître.

J'ai vu les fauves tomber dans les griffes des médias, tenter toutes les tactiques, toutes les stratégies directes ou indirectes pour ne pas devenir des monstres. Aucun n'y est réellement parvenu. Emmanuel Macron tenta sans succès de recruter Franck Louvrier, celui-ci refusa ; c'est bien dommage car connaissant Franck, je pense qu'il aurait certainement évité bien des bévues à Macron. Mais il fait partie décidément d'une certaine classe de collaborateurs politiques. Il en existe trois, les chiens, plus attachés au maître qu'à la maison, les chats, plus attachés à la maison qu'au maître, et les singes, qui sautent de branche en branche. Louvrier à n'en pas douter fait partie du premier groupe.

Tout naturellement, et au-delà des collaborateurs, cette classification s'adapte aux entourages, aux compagnons de route et de déroute. J'y viens.

# Les entourages

Tout au long de mon existence, j'ai vu les monstres se déployer entourés d'une camarilla qui en dit plus sur ce qu'ils sont que les commentaires à la noix de coco de plumitifs qui se prennent pour Saint-Simon, à moins que ce ne soit pour Sigmund Freud. Porte-flingues, hommes de main, exécuteurs des basses œuvres, conseillers occultes, visiteurs du soir, membres de cabinets, communicants, grands commis, égéries, maîtresses, épouses forment une société d'initiés qui fonctionne comme un clan, une bande aux rôles souvent interchangeables, aux modes de fonctionnement et au vocabulaire qui constituent un code incompréhensible pour le profane et protecteur pour le chef. C'est le principe même – toutes proportions gardées – des organisations mafieuses.

## *Les chevaliers de la Table ronde ont disparu*

Du général de Gaulle à Emmanuel Macron, on a vu petit à petit ce système s'affadir et même se déliter. L'entourage de De Gaulle fonctionnait comme les chevaliers du Graal, dans une mystique quasi religieuse. En 2003, à la mort de mon père, Philippe de Gaulle me rendit une visite de condoléances. C'était à la tombée de la nuit, et quand il fut introduit dans mon bureau, j'eus le sentiment écrasant, tant la ressemblance était forte, que son père était sorti de sa tombe. Alors que je lui exprimais mon émotion qu'il se soit déplacé en personne, il me répondit simplement : « Votre père fut toujours fidèle au mien, il était de mon devoir de venir, à travers vous, sa fille, lui exprimer notre reconnaissance. »

Tel le Gurnemanz de *Parsifal* introduit le profane dans le saint lieu, il procédait ainsi à un adoubement de nature mystique. C'est sans doute une des dimensions les plus fortes du gaullisme et que l'on ne retrouve pas chez les autres présidents de la V^e^ République, qui se comportent souvent comme des gestionnaires-communicants. Les phrases des *Mémoires de guerre* résonnaient : « Trêve de doutes ! Penché sur le gouffre où la patrie a roulé, je suis son fils, qui l'appelle, lui tient la lumière, lui montre la voie du salut. Beaucoup, déjà, m'ont rejoint. D'autres viendront, j'en suis sûr !

Maintenant, j'entends la France me répondre. Au fond de l'abîme, elle se relève, elle marche, elle gravit la pente. Ah ! mère, tels que nous sommes, nous voici pour vous servir. »

Aucun de ses successeurs n'a trouvé cette façon à la fois monacale et charnelle de parler de notre pays et d'enrôler ses soutiens dans une armée de chevaliers de toutes origines et qui se sont ainsi sublimés.

À l'inverse, Georges Pompidou dans sa citation la plus célèbre nous fixe un horizon débarrassé de toute grandeur, dans le plus pur style du marchand qui vend sa camelote dans un parapluie devant les Galeries Lafayette : « Mais arrêtez donc d'emmerder les Français ! Il y a trop de lois, trop de textes, trop de règlements dans ce pays ! On en crève ! Laissez-les vivre un peu et vous verrez que tout ira mieux ! Foutez-leur la paix ! Il faut libérer ce pays ! »

Il est d'ailleurs troublant de constater qu'elle fait florès dans tous les débats alors qu'il n'est jamais fait écho aux idéaux gaulliens, et il est étrange que ce fin lettré n'ait jamais trouvé les mots et le souffle pour nous porter aux sommets. Du fait de son absence d'enracinement électoral, il n'y eut jamais de clan autour de Georges Pompidou mais des éminences grises tels Pierre Juillet ou Marie-France Garaud. Certes il réunissait le mardi précédant le Conseil des ministres des parlementaires de province pour une sorte de « conseil de la base » informel qui lui permettait de tâter le pouls du terrain.

C'était très habile et ses successeurs auraient bien fait de s'inspirer du procédé, mais cela ne constituait pas à proprement parler une équipe prête à tout pour le défendre. Vous m'objecterez à juste titre que le temps lui manqua. Toutefois, on remarque qu'avec Édouard Balladur, il se refusa toujours à laisser la politique envahir l'espace qu'il consacrait à l'intimité de sa famille et en particulier de son épouse. Cela explique pourquoi il refusait de perdre du temps dans les bistrots et les soirées ripailles où s'élaborent les amitiés et les complots.

## *Giscard, les Français et les éboueurs*

Ah ! Giscard… peut-être le président le plus brillant de la V$^{e}$ République mais aussi le plus ridicule par ses emphases et ses coquetteries d'Ancien Régime. On ne se lasse pas de revoir les conférences de presse ampoulées, les vœux télévisés avec son épouse tétanisée de trac, les petits déjeuners avec les éboueurs, les dîners avec des Français qui n'auraient pas déparé une séquence « Mon président chez les Bidochon ».

François Fillon m'a conté un entretien mythique qui se déroula alors qu'il était ministre de l'Éducation nationale. L'ex-président avait souhaité échanger sur ces questions. Dans la voiture qui les conduisait rue de Bénouville, le directeur de cabinet Jean-Paul Faugère indiqua à François :

« Monsieur le ministre, à je ne sais quoi, M. Giscard d'Estaing vous fera comprendre qu'il est un ancien président de la République, vous un simple ministre et moi juste un collaborateur.

— Allons, Jean-Paul, qu'allez-vous imaginer ! Vous cultivez la paranoïa... »

À leur arrivée dans les lieux, trois sièges étaient préparés : un fauteuil à accotoirs pour Giscard, un bergère sans accotoirs pour Fillon... et un pouf pour Faugère ; telle la hiérarchie des tabourets à Versailles, l'étiquette désignait à chacun son rôle. Être « copain » avec Giscard, même les plus proches ne caressèrent jamais cette inconvenance. La bonne distance était celle de ces amitiés châtelaines cultivées lors de week-ends campagnards faits de parties de chasse et de dîners en robe longue. Son premier cercle était de son milieu et le reste du monde à la périphérie, même quand il invitait à petit-déjeuner les éboueurs de la rue du Faubourg-Saint-Honoré.

## *« Ne jamais perdre une occasion de bouffer, de pisser et de baiser »*

Paradoxalement, le premier président socialiste de la Ve République se comporta de la même façon aristocratique et souvent méprisante.

Tout cela était accompagné d'un radinisme quasi pathologique, expression parfaite du mépris que Mitterrand portait aux autres. À l'époque où le téléphone portable n'existait pas, pendant ses campagnes électorales dans la Nièvre, il s'installait pour téléphoner chez des militants modestes qui se retrouvaient avec des notes de communications faramineuses. Ils invitaient des maires à déjeuner, et consigne était donnée à un comparse d'entrer au moment du dessert pour annoncer : « Monsieur le président, une urgence, vous devez rentrer à Paris ! » Mitterrand se levait alors précipitamment, laissant ses victimes en tête-à-tête avec la douloureuse.

Ce mépris pour les gens simples pouvait lui causer parfois quelques déconvenues. Quelques mois avant son accession au pouvoir, il était venu présider une journée d'études à Angers dans les bâtiments de la place La Rochefoucauld. La matinée devait se terminer par un banquet républicain, et les militants se faisaient une joie de pouvoir échanger quelques mots avec celui qui portait leurs espoirs présidentiels. Patatras : selon une technique classique pour éviter les effusions, il ne resta pas au déjeuner en indiquant qu'on l'attendait à Paris et grimpa prestement dans une voiture où se trouvait déjà une sémillante jeune femme. Las, des militants sarthois qui regagnaient en car Le Mans après le banquet s'arrêtèrent, assoiffés, dans un hôtel-bar-restaurant de La Flèche. Rigolards et indignés, ils virent le « Françoué » descendre d'une chambre avec sa conquête. Et voilà comment la fédération socialiste de Maine-et-Loire ainsi humiliée devint rocardienne :

on ne dédaigne pas impunément les militants… et jamais Mitterrand ne prit plaisir à ces contacts populaciers qu'il considérait, en grand bourgeois qu'il était, comme une corvée inévitable. Mais ce qui fit la force de Mitterrand est d'avoir su tout au long de sa longue carrière – et même dans les pires moments d'abandon et même de déshonneur – attirer des collaborateurs de premier ordre et des appuis politiques dévoués. Mais il ne se départait jamais de cette absence totale de familiarité qui était sa signature et le secret de son imperium.

Avec Jacques Chirac, on ne peut imaginer une façon de fonctionner plus différente de ses prédécesseurs. Il est d'ailleurs certain que quelques-unes de ses pratiques gaudrioleuses susciteraient aujourd'hui la réprobation ! Ancien officier de cavalerie, il terminait invariablement les repas avec les élus par un toast : « À nos femmes, à nos chevaux et à ceux qui les montent, et par saint Georges, vive la cavalerie ! »

On se demande ce qu'aurait pensé de cette apostrophe une militante wokiste, intersectionnelle, en compagnonnage avec un homme déconstruit. Combien de fois en déplacement ne m'a-t-il pas dit :

« Ma poulette, il ne faut jamais perdre une occasion de bouffer, de pisser et de baiser. »

Et sortant des toilettes :

« Bon, déjà une de faite ! »

Nombre de ses compagnons de bagarre étaient de la même trempe. Robert-André Vivien était de ceux-là.

Député, maire de Saint-Mandé, il avait été engagé volontaire dans le bataillon français en Corée et fut un soutien indéfectible de Chirac qui l'adorait ; à sa mort, Jacques Chirac décida d'un hommage national dans la cour des Invalides et son émotion n'était pas de circonstance.

Les apostrophes dans l'Hémicycle de Robert-André étaient célèbres et parfois scabreuses. À un collègue breton qui préconisait le désenclavement de la Bretagne par des routes à quatre voies et qui cherchait ses mots, il lança :

« T'as raison, coco, ce qu'il te faut c'est des biroutes. »

Et le pauvre type complètement déglingué ahana péniblement sous la risée générale :

« Oui, la Bretagne a besoin de biroutes… »

Il s'était fait une spécialité après le renouvellement législatif d'attendre les nouveaux députés, assis dans un des profonds fauteuils de la salle des Conférences, juste à côté de la buvette. Les bizuths étaient tout heureux de saluer une des stars du Palais-Bourbon. Benoîtement, il leur demandait :

« Tu es allé chercher à la questure ta paire de bretelles tricolores ? »

Il continuait en ouvrant sa veste sur une large paire de bretelles aux trois couleurs :

« Tu vois, c'est pratique, si tu as oublié ton écharpe dans une manifestation, tu en croises une en diagonale et ça fait la maille... Dépêche-toi, il n'y en a pas pour tout le monde ! »

Le gars filait à la questure où des agents complices tenaient le registre des victimes, et Robert-André venait le soir relever les compteurs.

Ce genre d'exploit ravissait le Grand Jacques. Lors d'un « pèlerinage » à Colombey pour l'anniversaire de la mort du général de Gaulle, je fus la spectatrice d'une scène d'anthologie. Lors du déjeuner, le menu portait que du bourgogne serait servi, mais ce fut du bordeaux qui remplissait les verres. Devant Jacques, Robert-André interpella la serveuse qui bredouilla :

« Mais monsieur, celui-ci est un très bon vin, il est même plus cher que l'autre. »

Alors Robert-André tonna :

« Vous ne connaissez pas, mademoiselle, la différence entre le bordeaux et le bourgogne ?

— Nooon...

— Vous apprendrez, mademoiselle, que le bordeaux, ça se pisse et que le bourgogne, ça s'éjacule ! »

Peu désireuse de poursuivre une conversation aussi hasardeuse, la serveuse s'échappa sous les rires gras de la tablée.

## *Les hommes sont des lâches, les femmes sont des salopes*

Ces comportements de type salle de garde pouvaient avec Chirac emporter même les plus réservés. Début 2000, à quelques semaines de prendre la présidence du Conseil constitutionnel, le très distingué Yves Guéna avait commis une pièce de théâtre baptisée *Phèdre 2000*, et mes pas m'avaient portée au théâtre Mouffetard où cette œuvre admirable dut être jouée au moins deux fois. La définition donnée par Yves de « divertissement tragique » était vraiment appropriée tellement je m'emm... Quelques jours après, lors d'un dîner, Jacques Chirac en veine d'amabilité demanda à Guéna ce que racontait sa pièce, et j'entendis la voix sombre et bien articulée de ce dernier proférer cette énormité :

« C'est simple. Les hommes sont des lâches, les femmes sont des salopes. C'est la vie, quoi... »

Dans un grand éclat de rire, Chirac éructa :

« C'est bien vrai, ça. »

Pour un peu, si l'œuvre n'avait pas sombré dans le gouffre de la désaffection du public, avec une pareille punchline, il eût été capable d'y assister.

Le pire est que Chirac pouvait se comporter de la même façon dans des circonstances plus délicates. Nous étions quatre ministres à l'accompagner pour une rencontre avec Tony Blair à Lancaster House. Un maître d'hôtel vint annoncer que le déjeuner était servi et j'entendis « mon » président assurer : « Ah, la cuisine anglaise... Au début, on croit que c'est de la merde et ensuite on regrette que ça n'en soit pas ! »

On ne peut pas dire que cette blague était de première fraîcheur et Tony Blair qui parle un français impeccable ne l'apprécia que très modérément. Il y a des rigolades qui passent bien au comice agricole du canton d'Ussel et nettement moins bien dans les palais de la monarchie britannique. Chirac eut toujours du mal à bien faire la différence, mais plus sûrement il feignit de ne pas faire la différence en jouant les provocateurs. Il faut reconnaître que les militants adoraient cela, les femmes minaudaient et les élus locaux en redemandaient.

Même devant les plus capés il ne renonçait jamais aux idées qui lui tenaient particulièrement à cœur. On ignore en particulier qu'il était un ardent défenseur de la cause animale, opposant à la chasse et à tout ce qui pouvait constituer une maltraitance visant nos amies les bêtes. J'étais à sa table lors de journées parlementaires et José María Aznar était venu en voisin, alors qu'il était non pas encore le chef du gouvernement espagnol mais simplement le président du Partido Popular. Tout se déroulait paisiblement quand tout à coup je vois Chirac attaquer bille en tête l'Espagnol :

« Quand allez-vous arrêter cette pratique barbare de la corrida ? »

Un silence de mort s'installe. Aznar est totalement pris par surprise et reste coi.

« On ne peut pas se prétendre un pays civilisé et tolérer cela. Il faudra que la législation européenne interdise ce truc… »

On était au dessert, personne ne s'est attardé et Chirac a très aimablement raccompagné son visiteur sonné par une estocade digne des meilleurs toreros.

À Angers, venu à l'occasion des municipales de 1983, il nous avait offert un véritable festival de chiraquisme. Pas de téléphone portable à l'époque… Ses troupes avaient vérifié la bonne marche de toutes les cabines téléphoniques entre le petit aérodrome d'Avrillé et la salle du meeting, et des militants campaient à côté de chaque cabine. Une radio crachotante nous tenait au courant de l'avancée du petit zinc en provenance d'un bled perdu où Chirac avait animé une réunion dans la première partie de soirée. Le brouillard commençait à tomber sur les vallées angevines et j'étais à la tribune, toute seule comme une grande à jouer les « petits trains interlude » et à tenter de faire patienter une foule de plus en plus énervée. À la radio, j'entendais la discussion dans la carlingue :

« L'atterrissage va être compliqué, monsieur, il y a beaucoup de brouillard.

— Il va falloir pourtant y aller, il y a mille personnes qui m'attendent.

— Ça va être compliqué… »

Dans la tour de contrôle, le technicien pressait de prendre une décision car il allait fermer. On y va, on n'y va pas, l'attente s'éternisait.

Angoissée, je suivais les péripéties, la salle chauffée à blanc hurlait « Chirac, Chirac ». Impavide, je poursuivais en présentant le programme d'aménagement de notre liste sur les berges de la Maine. Tout le monde s'en foutait, j'étais au bout de ma vie, d'autant qu'en montant à la tribune je m'étais aperçue que les giga-spots installés par Michel Baloche, l'organisateur de tous les meetings du « Grand », rendaient ma robe en mousseline totalement transparente. Si je m'étais teinte en blonde, la supercherie eût alors été éventée...

Le dialogue entre Chirac et l'aérodrome était sérieusement en train de s'envenimer :

« Monsieur, je repars, c'est trop dangereux.

— Atterrissez ou je vous casse la gueule ! »

Dix minutes après, Chirac entrait sous les ovations.

## *Chirac face à Jésus-Christ*

Faire une campagne avec le Chirac première mouture fait partie de mes meilleurs souvenirs. Des trains spéciaux, des salles gigantesques, des stades tel le Parc des Princes en 1988, des banquets de nourriture canaille, tout cela devait coûter un prix fou mais personne ne s'en inquiétait. Pour autant, les petits formats étaient loin d'être négligés : il faisait stopper la voiture sur le bord de la route pour saluer un quidam ahuri de tant de prévenance.

En visite à Saumur, je suis avec lui dans la voiture qui nous ramène à Angers. Il avise sur le trottoir un type aux longs cheveux et ouvre la portière.

« Bonjour, mon fils, lui assène l'hurluberlu. Je suis Jésus-Christ. »

Chirac décide de ne pas en rester là :

« C'est bizarre, vous ne lui ressemblez pas !

— Oui, vous étiez prévenu, je viendrai et vous ne me reconnaîtrez pas.

— Roselyne, tu peux donner notre programme au monsieur ? Au revoir, jeune homme, et à dimanche… pour le vote… »

Au travers de cette histoire du compagnonnage et en suivant le cheminement des amitiés, des affections et des entourages, on est frappé par le rétrécissement du premier cercle autour des présidents de la République et des principaux chefs politiques.

Tel le Flambeau de *L'Aiglon* chez Rostand, les soutiens du général de Gaulle l'entouraient :

« … Les petits, les obscurs, les sans-grade
Nous qui marchions, fourbus, blessés, crottés, malades
Sans espoir de duchés ni de dotations… »

Petit à petit, les entourages se sont rétrécis, étiolés, et dans cette paranoïa obsidionale, il ne reste plus à Emmanuel Macron qu'Alexis Kohler et sa femme Brigitte à qui il puisse faire confiance, Jean-Luc Mélenchon renvoie ses meilleurs fidèles qu'il ne peut plus supporter, peu à peu Marine Le Pen se sépare des vieux compagnons pour adouber un godelureau de vingt-huit ans qui cherche déjà comment lui succéder. Abandonnés et tel Macbeth, tous voient leurs ennemis s'approcher sous le couvert du bois de Birnam, la peur les saisit et ils attendent le Macduff qui montrera leur tête au peuple.

Les fauves chassent en meute, les monstres dévorent leurs enfants jusqu'au moment où d'autres les dévoreront.

## Les traîtres

« Dans la vie, il y a deux expédients à n'utiliser qu'en dernière instance : la loyauté et le cyanure », fait dire Michel Audiard au gentleman d'Epsom. En politique, la première n'est guère plus utilisée que le second… Si je devais trouver un point commun aux fauves et aux monstres, je dirais qu'à un moment ou à un autre, un instant décisif de leur carrière, ils ont trahi la confiance de ceux qui les avaient mis en selle. J'ai fouillé, regardé, analysé, je n'ai trouvé aucun exemple d'une loyauté sans faille, d'autant qu'à certains moments cruciaux, cette déloyauté est un élément indispensable et que la loyauté est même parfois immorale.

La transmission du pouvoir depuis 1958 est marquée par une série de trahisons et de lâchages. Georges Pompidou trahit de Gaulle dans une déclaration baptisée « appel de Rome » où il se dit prêt à exercer la fonction présidentielle. Puis Valéry Giscard d'Estaing trahit Jacques Chaban-Delmas, non pas tant en se déclarant candidat, à la mort de Georges Pompidou, que de façon occulte en 1972 en faisant diffuser sa feuille d'impôts alors que Jacques Chaban-Delmas est encore Premier ministre. Cet avis montre qu'il n'a pas payé d'impôts sur le revenu pendant quatre ans. Le scandale est immense alors qu'il s'agit d'une disposition parfaitement légale, cette non-imposition relevant d'un « avoir fiscal » au titre de l'impôt sur les sociétés. Chaban est « tué » politiquement, débarqué de Matignon et sera sévèrement battu à la présidentielle de 1974. Voilà un bel exemple de meurtre politique proprement exécuté.

Mais à l'évidence le champion toutes catégories, je dirais l'archétype du traître, se nomme Jacques Chirac. Et pourtant je l'aime ! Les pervers diront que c'est précisément pour cela… En 1974, dans cette présidentielle qui voit la déconfiture du Premier ministre dont il a été ministre délégué chargé des relations avec le Parlement, non seulement il abandonne le candidat du parti dont il est issu, mais il entraîne avec lui quarante-trois députés gaullistes. Mon père rentre à ce moment de Paris totalement désespéré, d'autant que certains de ses meilleurs amis, tel le député de l'Allier Hector Rolland, font partie des félons. Il faudra que Jacques Chirac trahisse une nouvelle fois en démissionnant du poste de Premier ministre en 1976, en créant le RPR en décembre 1976 puis en lançant en 1978 le fameux « appel de Cochin », du nom de l'hôpital où il a été admis après un accident de voiture. Certes, Chirac y affirme son attachement à l'Europe – « Favorables à l'organisation européenne, oui, nous le sommes pleinement. Nous voulons, autant que d'autres, que se fasse l'Europe » –, mais il y dénonce aussi « le parti de l'étranger » dont seraient complices les giscardiens, ce qui est sans doute la pire injure que l'on puisse faire au président de la République.

À partir de 1976, il fait du Rassemblement pour la République une véritable machine de guerre contre Giscard. Il faut dire que ce dernier est bien décidé à tuer le gaullisme, et les déplacements en province de son nouveau Premier ministre Raymond Barre donnent lieu à des quasi-échauffourées entre les élus du RPR et de l'UDF, les deux clans de la majorité. En juillet 1978, mon père rentre furibard de Cholet où Raymond Barre est venu faire des annonces sur la sidérurgie. Lors de la réception à la mairie, les élus étaient disposés en rang d'oignons. Ostensiblement, le Premier ministre a retiré sa main pour ne pas serrer celle de mon père et a fait de même pour les élus RPR. Ambiance. Jean Narquin éructe : « Ce sinistre con nous le paiera ! »

Le coup de poignard final sera porté à la présidentielle de 1981 quand des consignes secrètes seront envoyées dans les fédérations RPR pour demander aux militants de voter pour François Mitterrand. Je revois encore un sbire de Charles Pasqua nous expliquer dans le salon familial que Mitterrand a un cancer et qu'il n'en a plus pour longtemps, deux ans tout au plus, et que cette entourloupe est sans risque. Tu parles ! Mitterrand est mort quinze ans après. Il faut reconnaître qu'il y eut une certaine justice dans la trahison d'Édouard Balladur quand il se présenta contre Chirac en 1995, puis de Nicolas Sarkozy lors de son second mandat. Après tout, ce dernier leur avait montré la voie et avait excusé par avance cette turpitude, à moins que ce ne fût une nécessité.

Encore faut-il s'entendre sur la notion de « trahison ». Manuel Valls pose bien la question en 2017 quand il lâche François Hollande pour Emmanuel Macron : « Quelle est cette trahison qui consiste à rester fidèle à ses idées ? »

Il est certain qu'on ne peut mettre toutes ces ruptures dans le même sac. À moins de considérer – ce qu'a fait le gouvernement de Vichy – que le général de Gaulle était un traître, ce qui est à l'évidence absurde. La trahison était bien là, et c'était celle de Philippe Pétain.

François Hollande, lui, pratiquera la double trahison vis-à-vis de Ségolène Royal, la mère de ses quatre enfants, le lâchage politique, l'humiliation amoureuse, et il y ajoutera avec Valérie Trierweiler le ridicule de l'infidélité à scooter. Jusque-là, la trahison en politique avait quelque chose de tragique, de shakespearien. Avec lui c'est retour chez les Bidochon. Il vaut mieux oublier. Il a clos de façon triviale la période où même les complots merdiques avaient de la gueule.

En fait, nous ne vivrons plus jamais cette période, car on ne peut plus utiliser le concept de « trahison ». Le mot qui convient est bien celui de « désaffiliation ».

Il n'est pas étonnant au fond que la revendication d'autonomie portée par l'ensemble des citoyens soit aussi le fait des politiciens qui ont chacun ouvert une boutique à leur compte. Pour trahir, encore faut-il avoir au préalable souscrit un pacte de fidélité. Fidélité à une idéologie ? Elles sont toutes en berne. Fidélité à une classe sociale ? Elles sont démembrées. Fidélité à un parti, à un syndicat, à une association ? Ils ne sont plus que des caisses de résonance des revendications individuelles. Fidélité à des élus, à un chef ? Ils sont détestés plus vite qu'ils n'ont été adorés. Finalement, c'est à tout le moins aux circonstances et aux opportunités qu'il nous faut rester fidèles.

C'est peut-être cela, la trahison d'Emmanuel Macron : il sut d'abord conduire la voiture bringuebalante de l'État sur la route verglacée de la majorité relative, des folies hystériques de la gauche, du désir forcené de revanche des Républicains et des obsessions xénophobes de l'extrême droite. Pif, paf, boum, tout se dérègle en ce début 2024. Liquidation d'Élisabeth Borne, alors que les revendications d'égalité femmes-hommes montent plus que jamais en puissance. Nomination comme Premier ministre d'un jeune homme brillant au moment où il commence à prendre ses marques avec succès au ministère de l'Éducation. Pire, au lieu de rééquilibrer son image de « trop jeune » président par un homme un peu rassis, il choisit un garçon de dix ans plus jeune que lui, histoire d'un peu plus insécuriser les

Français. Il compose un casting où l'étincelante Rachida Dati est désignée comme la star de l'équipe. Fureur des Républicains, alors qu'il aurait fallu s'employer à conclure avec eux un accord pour conforter la majorité chancelante, et stupéfaction inquiète du monde de la culture qui ne l'a pas détectée comme une « culturreuse » et qui ne va pas tarder à déchanter en se faisant matraquer par les économies budgétaires. Et on ajoute dare-dare du désordre à l'inquiétude avec une ministre de l'Éducation à qui on adjoint Sports et JO et qui se fait rattraper par la patrouille pour avoir mis ses enfants dans un établissement privé hyper-chic mais englué dans des scandales d'homophobie et de non-respect de la législation. On rappelle Catherine Vautrin qui a été humiliée en 2022, blacklistée par l'aile gauche de la majorité pour ses positions conservatrices. On nomme aux Affaires étrangères le jeune Stéphane Séjourné dont les difficultés d'élocution font les joies moqueuses des gazettes. Les élections européennes se rapprochent de plus en plus et on choisit pour conduire la liste de la « majorité » présidentielle une inconnue estimable mais faite pour le rôle comme pour être danseuse nue au Moulin-Rouge. Cinq mois plus tard, après le désastre européen, la voiture fait la dernière embardée et plonge dans le ravin avec la dissolution. Ce qui est rageant, c'est que tous ces déboires étaient parfaitement évitables et que cette séquence a précipité le pays dans la stupéfaction et l'incompréhension.

D'autres auraient-ils fait mieux ? J'en doute, au fond. Ils ne pouvaient que commettre des erreurs, probablement différentes. Mais nos trois monstres en chef sont en fait incapables de trouver l'équation qui veut que pour durer, il est inutile d'avoir un club de fans énamourés qui vous encensent mais indispensable d'avoir 50,1 % des Français qui ne vous détestent pas. Du moins telle qu'a été conçue la Vᵉ République par ses pères fondateurs.

À défaut de changer les électeurs, il ne nous reste plus maintenant qu'à changer les institutions peut-être, mais surtout à nous changer nous-mêmes et en premier lieu nos responsables politiques immatures, colériques, monstrueux. Tout va bouger dans les temps qui s'ouvrent, l'imprévisible est assuré… Pour le pire, probablement. Dans le bal des impétrants, prêts selon elles et eux à gouverner la France, avez-vous entendu un appel sur notre mission face au chaos du monde ? Quelques proclamations en faveur des Palestiniens, certes, mais dont la raison clientéliste n'échappe à personne. Les émeutes racistes grondent en Grande-Bretagne, la guerre fait rage entre l'Ukraine et la Russie, Poutine torture et exécute ses opposants, Trump, rejoint par le prédateur Elon Musk, fait le guignol en mentant comme il respire, les génocides continuent en Chine, en Inde, au Pakistan, au Yémen, Maduro bousille le processus électoral au Venezuela, les autocrates sahéliens font de même, chassent l'armée française et se jettent dans les bras des sinistres bandes armées russes, les processus démocratiques sont menacés à peu près partout, le désordre climatique menace les plus fragiles, la variole du singe met en alerte maximum les organisations sanitaires… Le vers de Victor Hugo dans les *Orientales* résonne : « Tout est ruine et deuil », et Macbeth lui répond en décrivant notre histoire comme un « récit plein de bruit et de fureur raconté par un idiot et qui n'a aucun sens ». Pendant qu'en France, la croisière des ministrables s'amuse, les monstres se clonent et se multiplient. Donnez-moi, chers lecteurs, chères lectrices, des raisons d'espérer, j'ai épuisé les miennes.

# Il faut que tout change pour que rien ne change

En cette soirée du 9 juin 2024, le temps est délicieux et se tient un de ces dîners parisiens informels du dimanche soir. Méli-mélo qui rapproche, entre autres, ambassadeur de France, ecclésiastique, sénateur, membre de l'Académie française, mécène et même une ancienne ministre, bibi en l'occurrence. En passant à table, nous savons déjà que la liste de la « majorité présidentielle » enregistre une véritable dérouillée et que le Rassemblement national sort grand vainqueur du scrutin. Pas de quoi émouvoir cette assemblée de vieux briscards qui en ont vu d'autres et considèrent les élections européennes comme un non-événement.

Alors que nous passons au salon pour prendre le café, je regarde discrètement mon portable, lâche un retentissant « Merde » et enchaîne sous les regards interrogateurs :

« Le président a dissous l'Assemblée. »

J'entends sans distinguer l'émetteur :

« Décidément *il* n'en loupe pas une… »

Je pense une fois de plus à Audiard : « Les cons, ça ose tout, c'est même à ça qu'on les reconnaît… »

Le maître de maison tente un timide rétablissement sur le mode « De toute façon, aujourd'hui ou en septembre, c'était inéluctable… ».

Les convives se tassent sur leur fauteuil et le dîner si bien commencé se termine dans la consternation et le sentiment angoissant de la catastrophe annoncée.

Comme un rocher qui dévale la montagne sans que rien puisse l'arrêter, les trois semaines de campagne pour les législatives tournent au cauchemar, et pourtant, dans ce maelstrom rythmé par des sondages calamiteux, je n'arrive pas à désespérer. Les mots de Victor Hugo dans *Actes et paroles* tournent dans mon esprit :

« Si étrange que semble le moment présent, quelque mauvaise apparence qu'il ait, aucune âme sérieuse ne doit désespérer. Les surfaces sont ce qu'elles sont mais il y a une loi morale dans la destinée et les courants sous-marins existent. Pendant que le flot s'agite, eux, ils travaillent. On ne les voit pas mais ce qu'ils font finit toujours par sortir tout à coup de l'ombre. L'inaperçu construit l'imprévu. Sachons comprendre l'inattendu de l'histoire : c'est au moment où le mal croit triompher qu'il s'effondre : son entassement fait son écroulement. »

7 juillet, 20 heures. Pour la première fois depuis l'élection d'Emmanuel Macron en 2017, la photo de groupe de la France politique est nette. Beaucoup

ont cru et même espéré que le macronisme était une parenthèse et que tout redeviendrait comme avant au départ de l'actuel président. Ils ont confondu la cause et l'effet. Ce n'est pas Macron qui a dispersé façon puzzle l'échiquier partisan, mais c'est bien parce qu'il était en décomposition qu'il s'y est introduit « par effraction », pour reprendre ses propres mots. Le macronisme n'était donc pas une parenthèse mais une phase dans un processus qui va continuer d'évoluer.

La montée de l'extrême droite n'est pas essentiellement un phénomène de révolte ou de colère lié à des frustrations matérielles mais le produit d'une angoisse existentielle devant la perte de l'imperium exercé par un monde occidental qui pourtant demeure un paradis désirable pour des milliards d'êtres humains. Néanmoins, elle restera durablement empêchée par un front républicain qu'on disait moribond et qui a admirablement fonctionné, la nullité crasse des cadres et des candidats du RN, un programme absurde et un tropisme prorusse inquiétant encore confirmé par les alliances de ce parti au Parlement européen. Cette incapacité va entraîner une frustration violente dans un électorat qui n'acceptera pas d'être durablement ostracisé. Tout est à craindre de la révolte ainsi engendrée. Angoissant.

La gauche reste minoritaire en ne captant qu'un gros quart de l'électorat, et elle ne peut, malgré ses déclarations de matamore, constituer durablement une alternative. Sans la gauche extrême des Insoumis de

Mélenchon, elle n'est rien, et elle ne peut rien avec elle. Les socialistes pedzouillent entre la social-démocratie de Raphaël Glucksmann et l'asservissement borné d'Olivier Faure à Mélenchon. Quant aux écologistes, ils n'ont ni la force ni la crédibilité pour unifier ce panier de crabes féroces qui se sont retrouvés autour d'un programme insensé auquel aucun des protagonistes ne croit. Délirant.

La vieille droite conservatrice des Républicains est en état de mort clinique et sa famille est à son chevet, se demandant si on doit continuer les soins palliatifs ou débrancher le respirateur. Tragique.

Et pour finir, le gloubi-boulga des débris du macronisme et de ses alliés dont chacun tente de s'échapper en emportant un morceau de la vraie croix. Pas vraiment engageant.

Pourtant, c'est bien seulement autour de ce dernier pôle central que peut se constituer une nouvelle force de gouvernement instigatrice d'institutions rénovées, porteuse d'une gouvernance partagée dans un cadre de responsabilités clarifiées et simplifiées, décidée à alléger le fonctionnement d'un État central empêtré dans un corset technocratique et dispendieux, résolue à un engagement européen sans faille et à la défense de ses valeurs démocratiques face à un environnement hostile dont la Russie n'est qu'un des protagonistes, mettant l'art et la culture au centre de son projet citoyen et menant sans relâche et sans repos le combat pour l'intégrité de la planète.

La France a connu tant de révolutions, de guerres et de crises. Et pourtant, à chaque fois, si dure qu'ait été la chute, elle s'est redressée. Dans l'agitation actuelle, une part de théâtre est évidente. Chacun surjoue un rôle pour se donner des allures de figure historique. Rares sont ceux qui se hissent à la hauteur des vrais enjeux, qu'ils soient climatiques, sociaux ou géostratégiques. Les dérapages accélèrent le renouvellement de notre classe politique. Cette mutation est nécessaire pour que notre pays se redresse.

De Gaulle, réveille-toi, ils et elles sont devenus fous, Gabriel, Édouard, Élisabeth, Raphaël, Laurent, Bruno, François, réveille-les tous, réveille-nous, sinon les monstres que nous avons nourris nous emporteront.

# Table des matières

## La fille du dieu borgne



## Un échafaud médiatique



## Les « ingénieurs » du chaos

**Les nouveaux tueurs utilisent la violence symbolique**



**Les porteurs de valises**

## Les chéries et les chéris



## Les voyageurs

## Les journalistes



## Les entourages



## Les traîtres

## Il faut que tout change pour que rien ne change

CET OUVRAGE
A ÉTÉ ACHEVÉ D'IMPRIMER
SUR ROTO-PAGE
PAR L'IMPRIMERIE FLOCH
À MAYENNE EN SEPTEMBRE 2024

#lisez! engagé
Pour plus d'information :
www.lisez.com
Imprimé sur du papier issu de forêts gérées durablement.

N° d'impression : 105469
N° d'édition : P31467/01
*Imprimé en France*